MINISTÈRE DE LA GUERRE.

ÉCOLES RÉGIMENTAIRES.

COURS PRÉPARATOIRE.

GÉOMÉTRIE.

PARIS   LIMOGES
11, Place St-André-des-Arts.   Nouvelle route d'Aixe, 46

IMPRIMERIE ET LIBRAIRIE MILITAIRES

HENRI CHARLES-LAVAUZELLE
Éditeur,

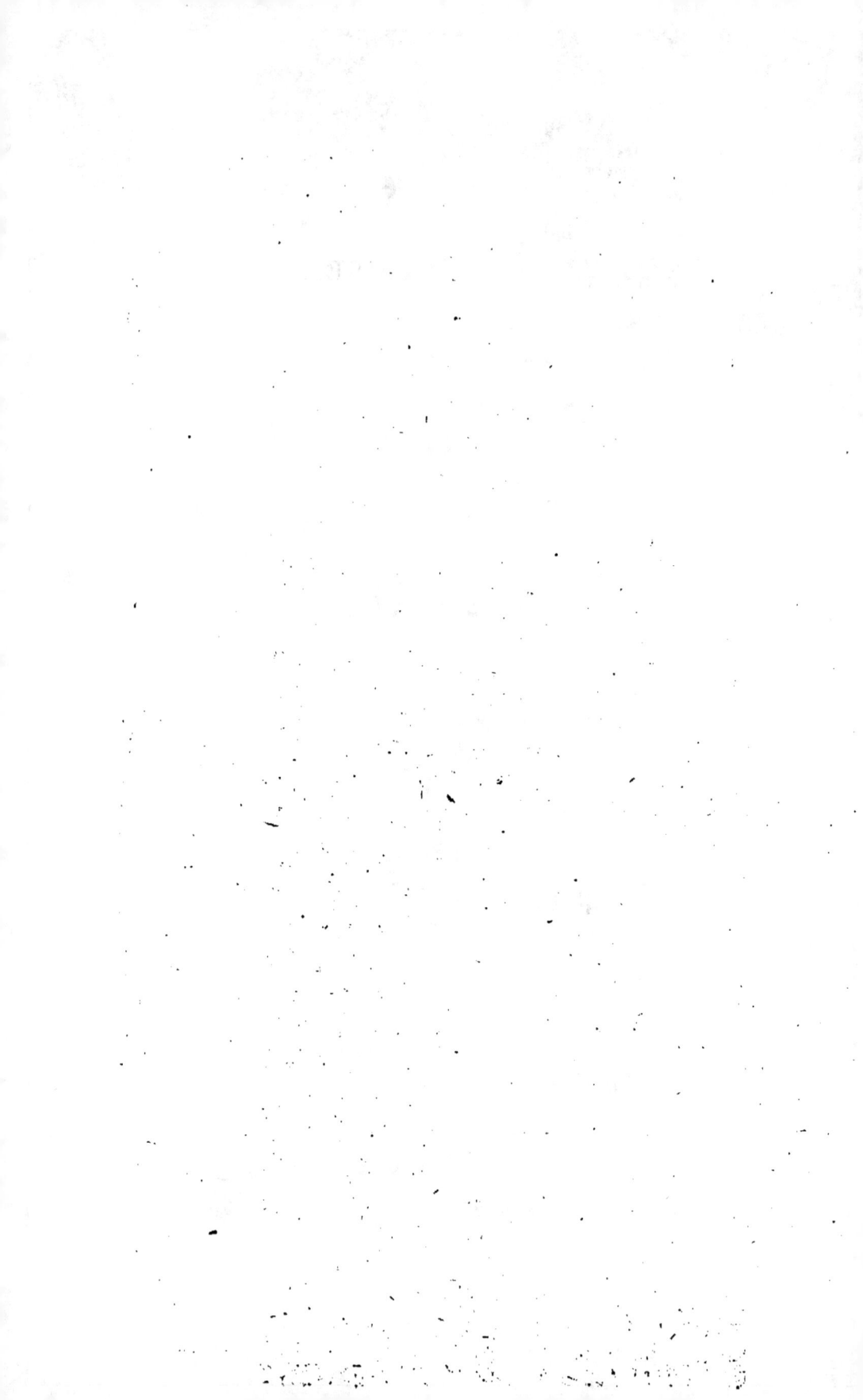

ÉCOLES RÉGIMENTAIRES.

COURS PRÉPARATOIRE.

GÉOMÉTRIE.

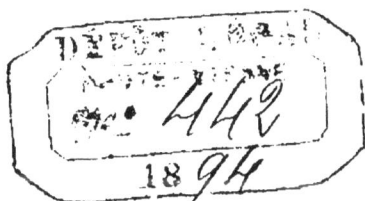

MINISTÈRE DE LA GUERRE..

ÉCOLES RÉGIMENTAIRES.

COURS PRÉPARATOIRE.

GÉOMÉTRIE.

PARIS   LIMOGES
11, *Place St-André-des-Arts.*   *Nouvelle route d'Aixe, 46*

IMPRIMERIE ET LIBRAIRIE MILITAIRES

HENRI CHARLES-LAVAUZELLE
Éditeur.

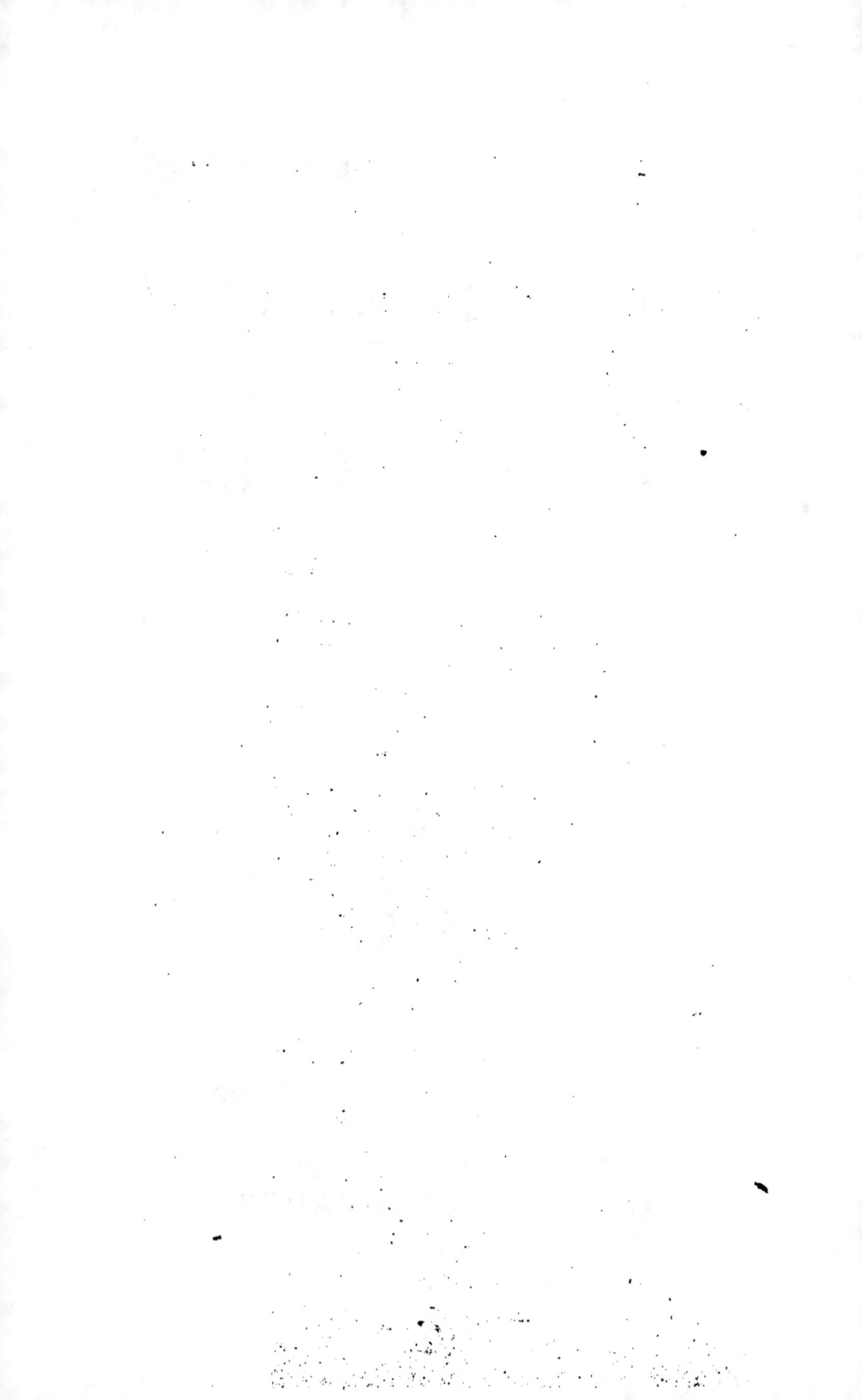

ÉCOLES RÉGIMENTAIRES.

COURS PRÉPARATOIRE.

GÉOMÉTRIE.

PREMIÈRE SÉANCE.

DÉFINITIONS. — DE LA LIGNE DROITE ET DU PLAN. — LIGNE BRISÉE, LIGNE COURBE. — ANGLES. — ANGLES ADJACENTS, ANGLES ÉGAUX. — ANGLE DROIT, AIGU, OBTUS. — PERPENDICULAIRE. — VERTICALE. — PAR UN POINT PRIS SUR UNE DROITE, ON PEUT MENER UNE PERPENDICULAIRE A CETTE DROITE, ET L'ON NE PEUT EN MENER QU'UNE.

DÉFINITIONS.

Des lignes.

La *géométrie* a pour but la mesure des lignes, des surfaces et des volumes et l'étude de leurs propriétés.

La mesure des lignes et des surfaces est l'objet de la géométrie *plane* et la mesure des volumes celui de la géométrie *dans l'espace.*

(Nous ne nous occuperons que de la première de ces deux sciences.)

Toute portion déterminée de l'espace se nomme *volume.*

On appelle *surface* tout ce qui termine un corps.

Si nous examinons un corps quelconque, une pomme

par exemple, la pomme constitue un *volume* et la sépa-
ration de la pomme avec l'air qui l'entoure constitue
une *surface*.

Cette définition fait voir que si la surface possède les
dimensions de *longueur* et de *largeur*, elle n'a pas
d'*épaisseur*, sans cela elle deviendrait un *volume*.

On appelle *ligne* la rencontre de deux surfaces. Une
ligne n'a donc qu'une seule dimension : la longueur.

Enfin, la rencontre de deux lignes porte le nom de
point. Un *point* n'a ni longueur, ni largeur, ni épaisseur.

En pratique, il est impossible de représenter graphiquement un point sans ses trois dimensions, une ligne
sans largeur, mais il faut bien se rendre compte que la
figure que l'on représente n'est qu'une image imparfaite
de ce qui existe réellement dans l'espace.

On appelle *ligne droite* le plus court chemin d'un
point à un autre.

Exemple : la ligne A B.

A ————————————————— B

On appelle *ligne brisée* une ligne composée d'une sé-
rie de lignes droites.

Exemple : la ligne brisée A B C D E F.

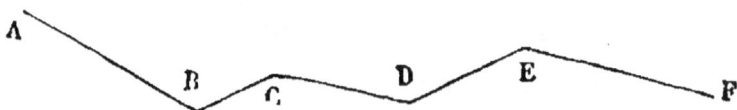

Enfin, on appelle *ligne courbe* toute ligne qui n'est
ni droite ni brisée.

Les surfaces se divisent en *surfaces planes* et en *surfaces courbes*.

Une surface est *plane* lorsqu'en prenant deux points sur cette surface et en les joignant par une ligne droite, cette droite est tout entière contenue dans la surface. Exemples : la surface d'une table bien dressée, celle d'un parquet bien établi.

Si cette condition n'est pas remplie, la surface est dite surface courbe.

On désigne en géométrie un point par une lettre, exemple : le point A ; une ligne droite par deux points pris au hasard sur cette ligne, exemple : la ligne AB.

On appelle *axiome* une vérité tellement évidente par elle-même qu'il est inutile et souvent impossible de la démontrer.

Exemples : Deux quantités égales à une troisième sont égales entre elles. Cela est de toute évidence.

Le tout est plus grand que l'une de ses parties.

On appelle *théorème* une vérité qui n'est pas évidente par elle-même et qui a besoin d'être démontrée.

Un *théorème* prend en général la forme suivante : je dis que si telle chose existe, telle autre chose a lieu. Le raisonnement que l'on fait pour passer de l'hypothèse à la conclusion est la *démonstration*.

Ainsi, dans un théorème, on distingue trois choses : l'*hypothèse*, le *raisonnement* et la *conclusion*.

On appelle *corollaire* une vérité qui découle de la démonstration d'un théorème précédent.

On appelle *problème* une question qui exige une solution. Un *problème* peut avoir une, deux ou plusieurs solutions. Nous verrons, dans le courant du cours, des exemples de problèmes pouvant être résolus de diverses manières.

On admet que les surfaces, les volumes, portent le nom de *figures*.

Deux figures planes sont *égales* lorsque, placées l'une sur l'autre, elles coïncident dans toute leur étendue.

Deux figures planes sont *équivalentes* lorsque, sans être égales, elles ont la même étendue et par conséquent le même valeur.

Les signes employés en géométrie sont ceux employés en arithmétique et en algèbre :

$A = B$ A égale B.

$A > B$ A plus grand que B.

$A < B$ A plus petit que B.

On appelle *angle* l'ouverture formée par deux lignes droites qui se coupent. Le point d'intersection des deux lignes porte le nom de *sommet;* les deux lignes sont les côtés de l'*angle;* ces côtés sont supposés indéfinis.

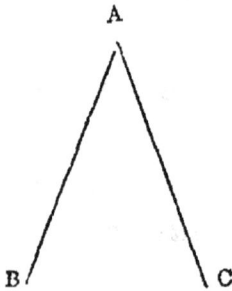

Un angle se désigne de deux façons, soit au moyen d'une lettre placée au sommet, exemple : l'angle A, soit au moyen de trois lettres placées une au sommet et une sur chacun des côtés, mais en ayant soin de mettre la lettre du sommet au milieu, exemple: l'angle BAC.

Cette seconde manière est toujours employée lorsqu'il

y a plusieurs angles qui ont leur sommet au même point.

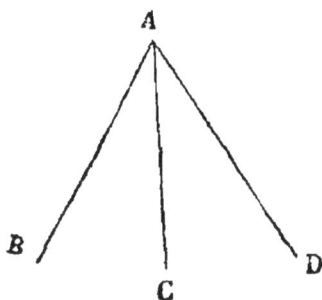

Ainsi, dans le cas de la figure, l'angle A ne désignerait pas suffisamment quel est celui des angles ayant son sommet au point **A** dont il est question, tandis qu'en employant le second mode d'énonciation, il est impossible de ne pas indiquer d'une manière exacte quel est celui des angles dont on veut parler.

Exemples : l'angle BAC, l'angle CAD, ou encore l'angle BAD.

Nous avons dit que les deux côtés d'un angle devaient toujours être considérés comme illimités. Aussi la *grandeur d'un angle* ne dépend pas de la longueur de ses côtés, mais bien de leur écartement. Pour bien se rendre compte de la valeur de la grandeur d'un angle, considérons deux lignes BA et BC se coupant au point B, supposons que BA soit immobile et que BC tourne autour du point B dans le sens indiqué par la flèche, de façon à prendre successivement les positions BC, BC_1, BC_2, BC_3 ; il est facile de voir qu'à mesure que BC_1 tourne, l'écartement des côtés de l'angle augmentant, l'angle augmente ; que l'angle $C_1 BA$ est plus grand que l'angle CBA, que $C_2 BA$ est encore

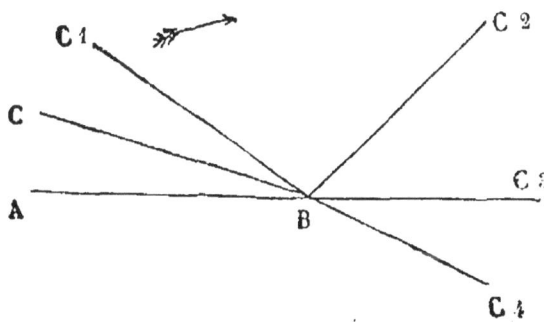

plus grand..

que cet angle augmente jusqu'au moment où B C vient se confondre avec le prolongement B C$_3$ de B A, puisqu'il va en diminuant au contraire à mesure que B C$_4$ s'éloigne de B C$_3$ pour se diriger vers B A.

Cette étude montre que la grandeur d'un angle peut varier entre un *minimum* et un *maximum ;* le maximum a lieu lorsque BC est très près de se confondre avec B C$_3$, prolongement de A B.

Deux angles sont *adjacents* lorsqu'ils ont un même sommet et un côté commun, et qu'ils sont situés de part et d'autre de ce côté. Tels sont les angles B A C et C A D.

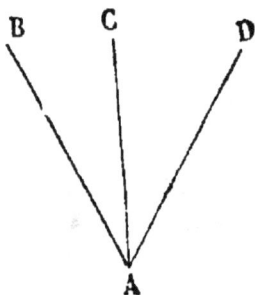

Si les deux angles n'étaient pas situés de part et d'autre du côté commun, ils ne seraient pas adjacents. Ainsi, les angles B A C et B A D, quoique ayant un côté commun A B et même sommet A, ne sont pas adjacents.

Deux angles sont *égaux* lorsqu'ils ont le même écartement des côtés. Si nous supposons que les deux angles B et E aient le même écartement des côtés, ils sont égaux. Mais alors si nous transportons l'angle E sur l'angle B, le point E sur le point B, et que nous placions le côté E D sur le côté BA, le côté EF vien-

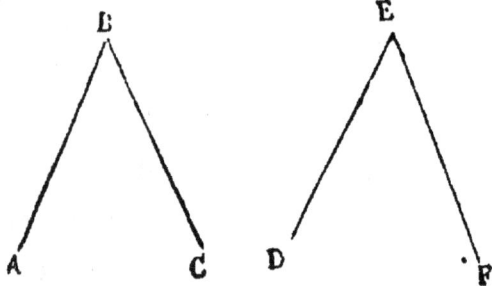

dra se placer sur le côté BC et les deux angles coïncideront dans toute leur étendue.

En étudiant les variations de la grandeur d'un angle, nous avons vu que cette grandeur variait entre un minimum et un maximum ; or, nous pouvons supposer que pendant la rotation de CB autour du point B, cette ligne CB vienne prendre une position CB telle que la valeur de l'angle ABC soit la moitié de l'angle très voisin du maximum. Dans ce cas, l'angle CBD vaudrait l'autre moitié. Mais alors les deux angles ABC et CBD seraient égaux.

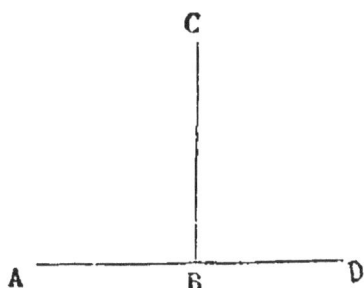

On dit dans ce cas que CB est *perpendiculaire* à AD.

Ainsi, une droite est *perpendiculaire* à une autre lorsqu'elle fait avec celle-ci deux angles adjacents égaux.

Toute autre droite passant sur le point B et ne faisant pas avec AD deux angles adjacents égaux est *oblique* à AD.

Le point B est appelé, dans le premier cas, *le pied de la perpendiculaire ;* dans le second, le *pied de l'oblique.*

On appelle *angle droit* un angle dont les côtés sont perpendiculaires l'un à l'autre.

Exemple : l'angle ABC.

On appelle *angle aigu* tout angle plus petit qu'un angle droit.

Exemple : l'angle A B C.

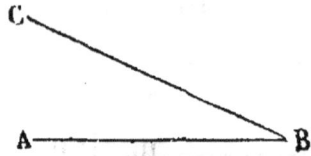

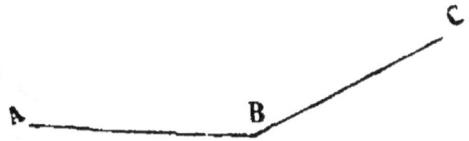

On appelle *angle obtus* tout angle plus grand qu'un angle droit.

Exemple : l'angle A B C.

On appelle verticale une ligne perpendiculaire à la surface des eaux tranquilles. Telle est la direction d'un fil à plomb.

THÉORÈME.

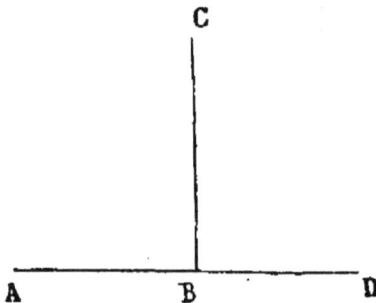

Par un point pris sur une droite, on peut toujours mener une perpendiculaire à cette droite et on ne peut en mener qu'une.

Dans ce théorème, l'hypothèse est que l'on prend un point quelconque B sur la droite A D et il faut démontrer que, par ce point B, on peut toujours mener une droite B C perpendiculaire à A D et que l'on ne peut en mener qu'une.

Je vais d'abord démontrer que l'on peut mener une droite B C perpendiculaire à A D.

Cela résulte en effet de la définition même de la perpendiculaire, car nous savons qu'en faisant tourner C B autour du point B, nous arriverons à faire prendre à C B une position telle que les deux angles A B C, C B D soient égaux; alors C B sera perpendiculaire à A D. C. Q. F. D.

Je dis maintenant que, par le point B, on ne peut pas mener d'autre perpendiculaire à A D en dehors de B C.

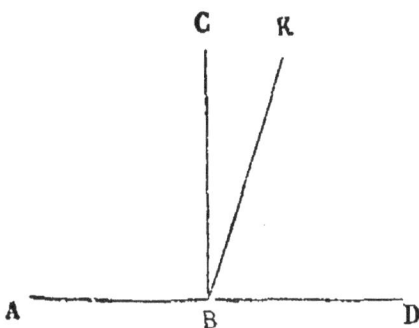

Supposons, en effet, que l'on puisse en mener une autre, B K. Si B K est perpendiculaire à A D, les deux angles A B K et K B D doivent être égaux d'après la définition de la perpendiculaire. Mais ces deux angles ne peuvent pas être égaux, car l'un A B K est plus grand et l'autre K B D plus petit que l'angle A B C; donc K B n'est pas perpendiculaire à A D. C. Q. F. D.

NOTA. Ce genre de démonstration, dans lequel on suppose que le contraire de l'énoncé est exact, pour démontrer ensuite que cette supposition est fausse, s'appelle le raisonnement par *l'absurde*.

COROLLAIRE.

Tous les angles droits sont égaux.

Supposons que C D soit perpendiculaire à A B et G H perpendiculaire à E F. Il faut démontrer, par exemple, que l'angle droit A C D = l'angle droit E G H. Pour cela, je transporte la deuxième figure sur la première,

de façon que E F vienne sur A B, le point G sur le point
C ; alors, puisque G H est perpendiculaire à E F et que
E F coïncide exactement avec A B, G H devra aussi être
perpendiculaire à A B ; or, comme par le point C on ne

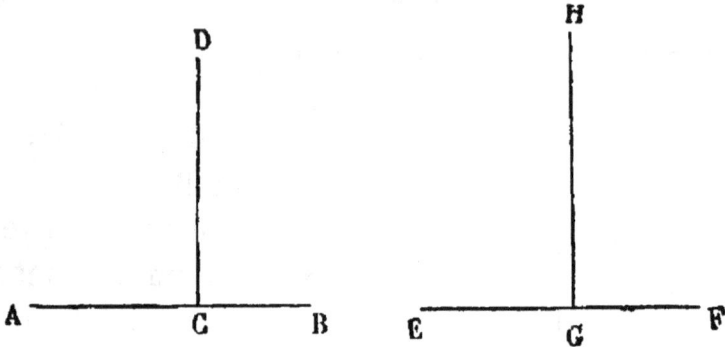

peut mener qu'une perpendiculaire à A B, G H devra
se confondre avec C D. Mais alors les deux angles droits
A C D, E G H coïncideront ; donc ils seront égaux.

DEUXIÈME SÉANCE.

DÉFINITIONS.

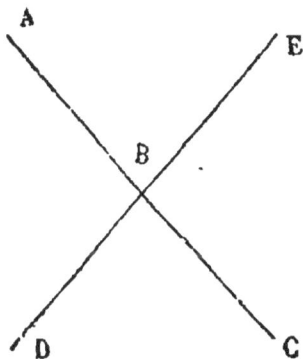

On dit que *deux angles sont op-posés par le sommet* lorsque les côtés de l'un sont dans le prolongement des côtés de l'autre. Tels sont les deux angles A B E et D B C.

On dit que *deux angles sont complémentaires* lorsque leur somme est égale à un angle droit.

On dit que *deux angles sont supplémentaires* lorsque leur somme est égale à deux angles droits.

THÉORÈME.

Toute droite qui en rencontre une autre forme avec celle-ci deux angles adjacents dont la somme est égale à deux angles droits.

Supposons deux droites A B, C D, se coupant au point C ; je dis que la somme des angles adjacents A C D, D C B est égale à deux angles droits. Pour le démontrer par le point C, élevons C E perpendiculaire à A B.

Nous avons : angle $ACD = 1$ angle droit $+$ angle ECD.

Angle $DCB = 1$ angle droit $-$ angle ECD.

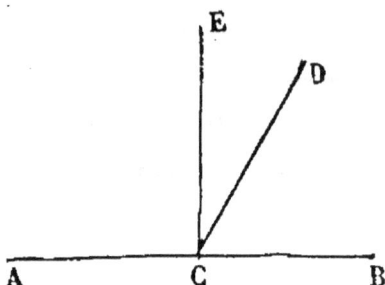

Ajoutant ces deux égalités membre à membre, nous avons : angle $ACD +$ angle $DCB = 2$ angles droits.

C. Q. F. D.

COROLLAIRE.

Si l'un des angles est droit, l'autre l'est aussi.

Si l'un des angles est obtus, l'autre est aigu.

Si l'un des angles est aigu, l'autre est obtus.

COROLLAIRE.

La somme des angles adjacents ayant leur sommet sur un point d'une droite et situés du même côté de cette droite est égale à deux angles droits.

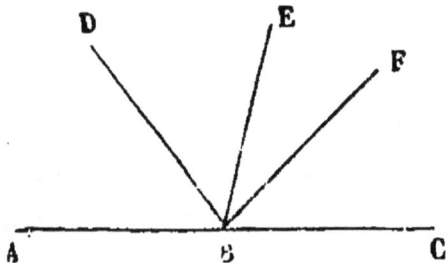

Le corollaire est évident, car par exemple l'angle ABD est le supplémentaire de l'angle DBC, qui n'est autre chose que la somme des angles $DBE + EBF + FBC$.

COROLLAIRE.

La somme des angles adjacents ayant leur sommet sur un même point est égale à quatre angles droits.

Soient les angles adjacents BAC, CAD, DAE, EAB qui ont leur sommet au point A; je dis que leur somme est égale à quatre angles droits.

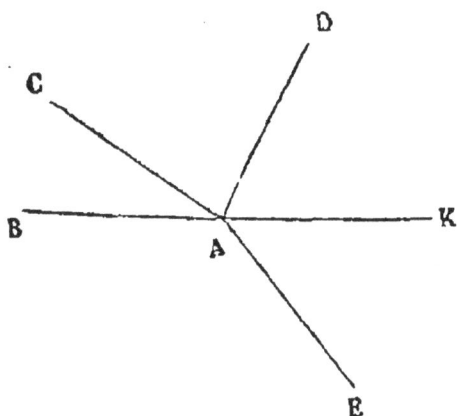

Pour le démontrer, je prolonge BA au delà du point A. Cette ligne BK partage en deux groupes les angles adjacents considérés : l'un de ces groupes est placé au-dessus de BK, l'autre au-dessous.

Or, d'après le corollaire précédent, la somme des angles situés au-dessus de BK est égale à deux angles droits ; d'après le même corollaire, la somme des angles situés au-dessous est aussi égale à deux angles droits.

Donc la somme totale de tous ces angles sera égale à quatre angles droits. C. Q. F. D.

THÉORÈME.

Si deux angles adjacents forment une somme égale à deux droits (c'est-à-dire sont supplémentaires), les côtés extérieurs sont en ligne droite.

Je suppose que ABC+CBD=2 angles droits ; je dis que BD est le prolongement de AB. Supposons que cela n'ait pas lieu et que le prolongement de AB soit BK ; alors, d'après le théorème précédent, la somme des angles adjacents ABC et CBK sera égale à deux droits.

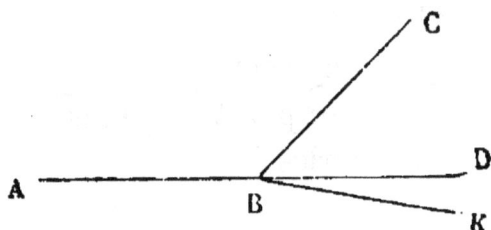

Nous pourrons donc écrire :

$$ABC + CBD = 2\,d.$$
$$ABC + CBK = 2\,d.$$

Or, deux quantités égales à une troisième sont égales entre elles, donc :

$$ABC + CBD = ABC + CBK ;$$

retranchant à chacun des membres de cette égalité la quantité commune ABC, il reste :

$$CBD = CBK,$$

égalité qui ne peut exister qu'à la condition que BK, prolongement de AB, se confonde avec BD, c'est-à-dire qu'à la condition que le côté BD soit le prolongement de AB.

THÉORÈME.

Les angles opposés par le sommet sont égaux.

Supposons que les deux angles AOD et COB soient

opposés par le sommet ; je dis qu'ils sont égaux. En effet, d'après la définition des angles opposés par le sommet,

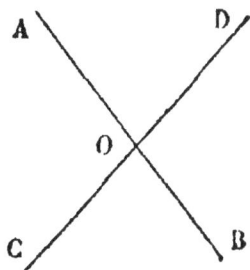

O B est le prolongement de O A et O C le prolongement de O D.

Or, d'après le théorème précédent :

$$AOD = 2d. - DOB,$$

de même

$$COB = 2d. - DOB.$$

Alors $AOD = COB$ comme valant la même quantité $2d. - DOB$.

La démonstration serait la même pour les deux angles A O C et D O B.

TROISIÈME ET QUATRIÈME SÉANCES.

TRIANGLES. — DANS UN TRIANGLE, UN COTÉ QUELCONQUE EST PLUS PETIT QUE LA SOMME DES DEUX AUTRES. — CAS D'ÉGALITÉ DES TRIANGLES.

DÉFINITIONS.

On appelle *triangle* la figure formée par trois lignes droites qui se coupent deux à deux.

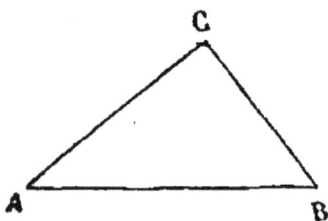

Exemple : la figure A B C. Les lignes A B, B C, C A portent le nom de côtés du triangle.

Les angles A, B, C sont les angles du triangle. Un triangle a donc trois côtés et trois angles.

THÉORÈME.

Dans un triangle, un côté quelconque est plus petit que la somme des deux autres.

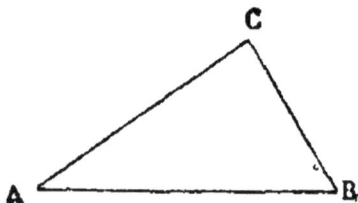

Démontrons, par exemple, que A B est plus petit que A C + C B.

Cela est évident, car A B étant une ligne droite, A B est le plus court chemin du point A au point B ; il est par conséquent plus petit que A C + C B, et l'on peut écrire :

$$AB < AC + CB.$$ C. Q. F. D.

COROLLAIRE.

Si de chacun des membres de l'inégalité $AB < AC + CB$ on retranche la même quantité CB, on ne change pas le sens de l'inégalité.

Nous aurons alors :

$$AB - CB < AC,$$

c'est-à-dire que : *un côté quelconque d'un triangle est plus grand que la différence des deux autres.*

Le théorème précédent pourra donc s'énoncer ainsi :

Dans un triangle, un côté quelconque est plus petit que la somme des deux autres et plus grand que leur différence.

THÉORÈME.

Si l'on joint un point pris dans l'intérieur d'un triangle avec les extrémités d'un même côté, la somme des lignes de jonction est moindre que la somme des deux autres côtés du triangle.

Soient un triangle ABC et un point O pris dans l'intérieur de ce triangle ; je joins le point O aux deux extrémités A et B du côté AB, je dis que l'on aura :

$$AO + OB < AC + CB.$$

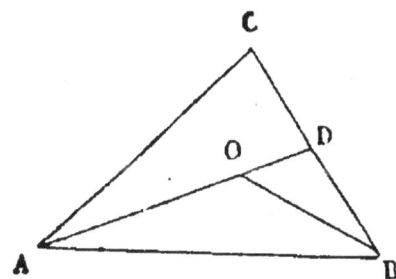

Pour le démontrer, prolongeons AO jusqu'à sa rencontre avec BC au point D ; nous aurons dans le triangle ODB, d'après le théorème précédent :

$$OB < OD + DB.$$

Ajoutons aux deux membres de cette inégalité la même quantité AO, nous aurons :

$$AO + OB < OD + DB + AO ;$$

dans le second membre de cette inégalité, $OD + AO$ n'est autre chose que AD ; nous pouvons écrire :

$$AO + OB < DB + AD.$$

Or, dans le triangle ADC, le côté AD est, d'après le théorème précédent, $<$ que $AC + CD$.

Si donc, dans le second membre de l'inégalité précédente, nous remplaçons AD par une quantité plus grande, $AC + CD$, nous ne changerons pas le sens de l'inégalité, et l'on pourra écrire :

$$AO + OB < DB + AC + CD ;$$

mais

$$DB + CD = CB ;$$

nous aurons alors :

$$AO + OB < AC + CB. \qquad \text{C. Q. F. D.}$$

CAS D'ÉGALITÉ DES TRIANGLES

Les cas d'égalité des triangles que nous allons examiner sont au nombre de trois.

(Une fois pour toutes) Dans les démonstrations qui vont suivre, nous allons employer une méthode uniforme qui consistera à démontrer que les deux triangles peuvent être superposés exactement.

THÉORÈME.

Deux triangles sont égaux quand ils ont un angle égal compris entre deux côtés égaux chacun à chacun.

Soient les deux triangles ABC et DEF qui ont, par hypothèse, l'angle A égal à l'angle D, le côté AC égal au côté DF et le côté AB égal au côté DE. Je vais démontrer que ces deux triangles sont égaux.

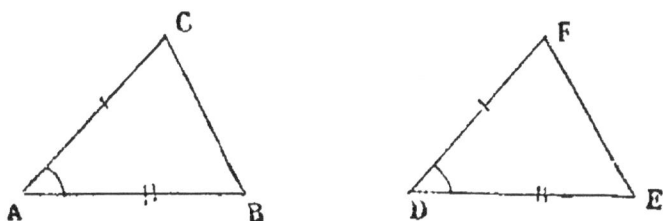

Pour cela, je transporte le triangle DEF sur le triangle ABC, de manière à placer le côté DF sur son égal AC, le point F sur le point C et le point D sur le point A; alors, puisque par hypothèse l'angle D est égal à l'angle A, le côté DE viendra se placer sur le côté AB; or, ces deux côtés sont égaux par hypothèse, et, puisque le point D est sur le point A, le point E viendra se placer sur le point B. Mais alors, le point F se trouvant sur le point C et le point E se trouvant sur le point B, le côté FE coïncidera exactement avec le côté CB.

Les deux triangles, coïncidant dans toutes leurs parties, sont égaux.   C. Q. F. D

COROLLAIRE.

De la démonstration précédente il résulte que l'angle E égale l'angle B et que l'angle F égale l'angle C.

On peut donc dire que, *lorsque deux triangles ont un angle égal compris entre deux côtés égaux chacun à chacun, les angles opposés ou adjacents aux côtés égaux sont aussi égaux entre eux.*

THÉORÈME.

Deux triangles sont égaux quand ils ont un côté égal adja-cent à deux angles égaux chacun à chacun.

Soient les deux triangles ABC, DEF, dans lesquels nous supposons que AB = DE, que l'angle A égale l'angle D et que l'angle B égale l'angle E. Démontrons que ces deux triangles sont égaux.

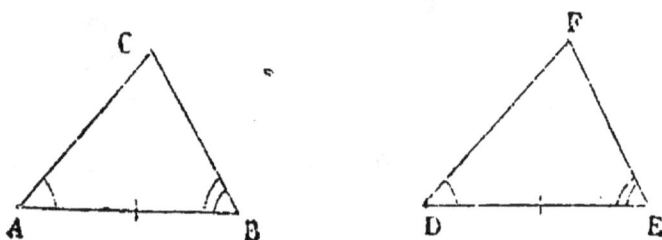

Pour cela, transportons le triangle DEF sur le triangle ABC, de façon que DE vienne coïncider avec AB, ce qui est possible, puisque par hypothèse ces deux côtés sont égaux.

L'angle D étant égal à l'angle A, le côté DF prendra la direction du côté AC; de même, l'angle E étant égal à l'angle B, le côté EF prendra la direction du côté BC. Mais alors le point F, qui est à la fois sur les deux côtés DF et EF, devra aussi se trouver sur les deux côtés AC et BC. Il devra donc se trouver sur leur inter-section, c'est-à-dire au point C.

Mais alors les sommets du second triangle tombant sur les sommets du premier, ces deux triangles coïncident dans toutes leurs parties ; donc ils sont égaux.

C. Q F. D.

COROLLAIRE.

De la démonstration précédente il résulte que DF = A C et que EF = BC.

On peut donc dire que, *lorsque deux triangles ont un côté égal adjacent à deux angles égaux chacun à chacun, les côtés opposés aux angles égaux sont égaux. Il en est de même des angles opposés aux côtés égaux.*

Le troisième cas d'égalité des triangles repose sur le théorème suivant :

THÉORÈME.

Lorsque deux triangles ont un angle inégal compris entre deux côtés égaux chacun à chacun, les troisièmes côtés sont inégaux, et le plus grand de ces côtés est opposé au plus grand angle.

Soient les deux triangles A B C, A'B'C', tels que A B = A'B', B C = B'C', et dans lesquels nous supposons que B > B'. Je vais démontrer que les troisièmes côtés A C, A'C' sont inégaux, et que A C opposé à l'angle B est plus grand que A'C' opposé à l'angle B'.

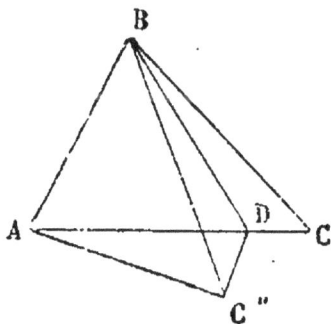

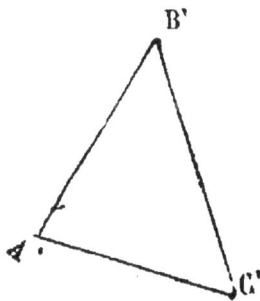

Pour cela, transportons le triangle A'B'C' sur le triangle ABC, de manière que le côté A'B' coïncide avec son égal AB; l'angle B' étant par hypothèse plus petit que l'angle B, le côté B'C' viendra se placer quelque part en BC'' à l'intérieur de l'angle B, et le côté A'C' viendra en AC''. Tout revient à démontrer que AC'' < AC.

Pour cela, divisons l'angle C''BC en deux parties égales par la droite BD qui rencontre AC au point D et joignons ce point D au point C''.

Nous obtenons ainsi deux triangles C''BD, DBC qui sont égaux comme ayant un angle égal (C''BD = CBD) compris entre deux côtés égaux (BC'' = BC et BD commun) chacun à chacun; mais alors C''D = DC.

Or, dans le triangle AC''D,

$$AC'' < AD + DC'';$$

remplaçant DC'' par son égal DC, nous avons:

$$AC'' < AD + DC < AC.$$

Donc A'C' est plus petit que AC.   C. Q. F. D.

COROLLAIRE.

Réciproquement, si deux triangles ont deux côtés égaux et un troisième côté inégal, au plus grand côté sera opposé le plus grand angle.

THÉORÈME.

Deux triangles sont égaux lorsqu'ils ont les trois côtés égaux chacun à chacun.

Soient les deux triangles ABC, DEF, dans lesquels nous supposons que AB = DE, BC = EF et AC = DF; je dis que ces deux triangles sont égaux.

Pour le démontrer, il suffira de reconnaître que, par exemple, les deux angles B et E sont égaux ; car alors nous rentrerons dans le premier cas de l'égalité des triangles.

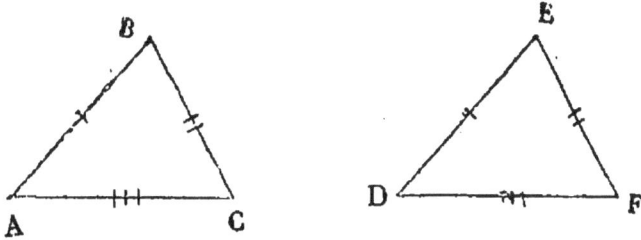

Or d'après le théorème précédent, les deux angles B et E doivent être égaux ; car, si l'un était plus grand que l'autre, les côtés opposés A C, DF seraient l'un plus grand que l'autre ; ce qui est contraire à l'hypothèse.

Mais alors, les deux angles B et E étant égaux, les triangles sont égaux.   C. Q. F. D.

CINQUIÈME SÉANCE.

DÉFINITIONS.

On nomme triangle *isocèle* un triangle qui a deux côtés égaux.

Tel est le triangle A B C.

Un triangle qui a ses trois côtés égaux s'appelle un triangle *équilatéral*.

Exemple : le triangle D E F.

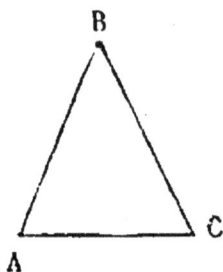

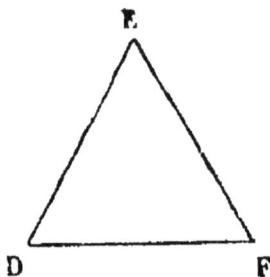

Dans un triangle quelconque, on appelle *hauteur* la perpendiculaire AD abaissée d'un sommet quelconque sur le côté opposé. Ce côté BC est appelé la *base* du triangle.

Le pied D de la hauteur peut rencontrer la base BC entre les points B et C, ou bien en dehors de ces deux points, ainsi que cela a lieu pour le triangle A'B'C'. La définition que nous venons de donner de la *hauteur* et de la *base* d'un triangle est indépendante, avons-nous

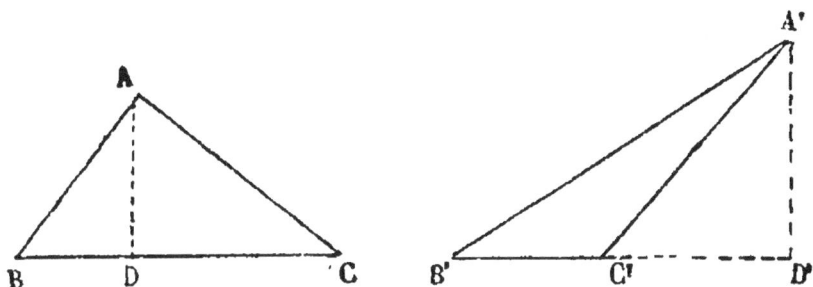

dit, du sommet du triangle ; cependant, dans le cas d'un triangle isocèle, on choisit généralement comme *base* celui des côtés qui n'est pas égal à l'un des deux autres.

THÉORÈME.

Dans un triangle isocèle, les angles opposés aux côtés égaux sont égaux.

Soit le triangle isocèle A B C, dans lequel A B = B C ; je dis que l'angle A = l'angle C.

Pour le démontrer, je joins le sommet B au point D, milieu de A C. Cette ligne B D divise le triangle A B C en deux autres A B D et D B C qui sont égaux comme

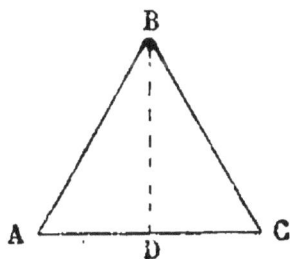

ayant leurs trois côtés égaux chacun à chacun, savoir : A B = B C par hypothèse, A D = D C par construction, puisque nous avons pris le point D milieu de A C, et B D commun. Or, nous savons que dans deux triangles égaux. aux côtés égaux sont opposés des angles égaux ; donc l'angle A opposé au côté B D est égal à l'angle C opposé au côté B D.   C. Q. F. D.

COROLLAIRE I.

Un triangle équilatéral est en même temps *équiangle*, c'est-à-dire qu'il a ses angles égaux.

COROLLAIRE II.

De l'égalité des triangles A B D, C B D, il résulte que l'angle A D B opposé au côté A B $=$ l'angle C D B opposé

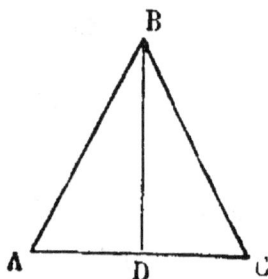

au côté B C. Mais alors ces deux angles sont droits, et l'on peut dire que *la ligne menée du sommet d'un triangle isocèle au milieu de sa base est perpendiculaire à cette base.*

COROLLAIRE III.

De l'égalité des deux mêmes triangles A B D, C B D, il résulte que les angles A B D, D B C sont égaux. La ligne B D partage donc l'angle A B C en deux parties égales. C'est ce qu'on appelle la *bissectrice* de l'angle A B C.

THÉORÈME.

Si, dans un triangle, deux angles sont égaux, les côtés
o]posés à ces angles sont égaux et le triangle est isocèle.

Considérons le triangle A B C dans lequel nous supposons que l'angle A = l'angle C.

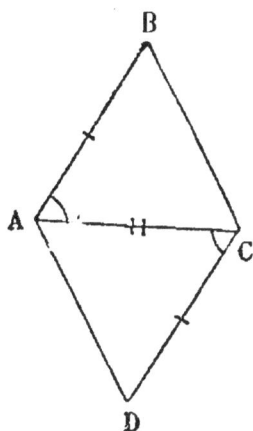

Il faut démontrer que A B = BC.
Pour cela, construisons sur AC un
triangle ACB' égal au triangle
ABC, en prenant l'angle ACB'
égal à l'angle BAC et CB' = AB.

Ces deux triangles ABC, ACB'
seront bien égaux comme ayant un
angle égal compris entre deux côtés
égaux chacun à chacun.

Or, dans ces triangles, l'angle
CAB' = l'angle ACB (comme op-
posé à des côtés égaux dans les triangles égaux), et par
suite son égal BAC; de même CAB' = ACB = BAC.

Cela posé, faisons tourner le triangle ACB' autour de
AC comme charnière, de façon à le rabattre sur le
triangle ABC; d'après ce que nous venons de voir, AB'
prendra la direction de AB et CB' celle de CB. Mais
alors le point B', qui est à la fois sur AB' et sur CB',
viendra tomber au point B; donc CB' coïncidera avec
CB. Or, CB' = AB et de plus CB' coïncidant avec CB,
il en résulte que AB = BC.   C. Q. F. D.

COROLLAIRE.

Un triangle qui a ses trois angles égaux est équilatéral.

THÉORÈME.

De deux côtés d'un triangle, le plus grand est celui qui est opposé au plus grand angle.

Soit le triangle ABC, dans lequel nous supposons l'angle ABC > l'angle C; je dis que AC > AB.

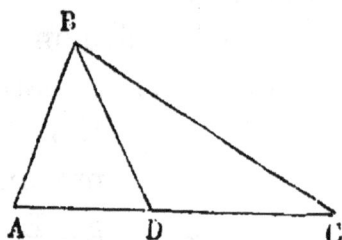

Pour le démontrer, faisons au point B un angle DBC égal à l'angle C (BD tombera évidemment dans l'intérieur de l'angle ABC). Le triangle BDC ainsi obtenu est isocèle et BD = DC.

Or, nous savons que, dans le triangle ABD,

$$AB > AD + BD;$$

mais

$$BD = DC;$$

donc

$$AB < AD + DC < AC. \qquad \text{c. q. f. d.}$$

COROLLAIRE.

Les deux théorèmes précédents montrent que *deux côtés d'un triangle ne peuvent être égaux ou inégaux qu'autant que les angles opposés sont eux-mêmes égaux ou inégaux, et que, dans le cas de l'inégalité, le plus grand côté est toujours opposé au plus grand angle.*

APPLICATION.

Le *niveau du maçon*, si souvent employé comme instrument de nivellement, est basé sur la propriété qu'a, dans un triangle isocèle, la droite qui joint le sommet au milieu de la base d'être perpendiculaire à cette base.

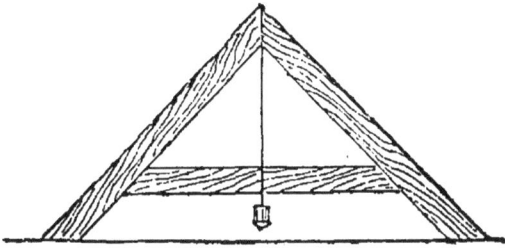

Quand cette droite sera verticale, c'est-à-dire se confondra avec la direction du fil à plomb, la base sera horizontale.

SIXIÈME SÉANCE.

***

***

THÉORÈME.

Par un point pris hors d'une droite :

1° On peut toujours mener une perpendiculaire à cette droite;

2° On ne peut en mener qu'une.

Soient O le point donné et AB la droite.

1° Il faut d'abord démontrer que, par le point O, on peut mener une perpendiculaire à AB. Pour cela, fai-

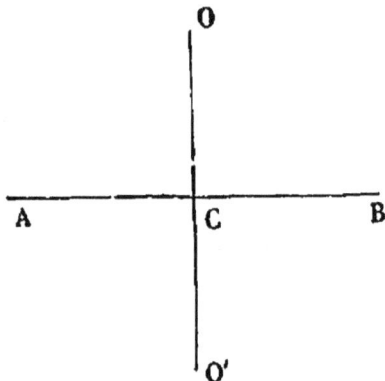

sons tourner la partie supérieure du plan autour de la droite AB jusqu'à ce qu'elle vienne s'appliquer sur la partie inférieure, et soit O' la position que prendra le point O. Joignons le point O au point O' par la ligne OO' qui coupe la droite AB au point C. Si l'on replie de nouveau la portion du plan AO'B autour de AB jusqu'à ce que le point O' ait repris sa place primitive en O, la ligne O'C s'appliquera exactement sur OC. Mais alors les deux angles OCA, O'CA coïncideront; ils seront égaux. Donc AC, qui fait avec OO' deux angles adjacents égaux, sera perpendiculaire à OO', ou OC sera perpendiculaire à AB.   C. Q. F. D.

2° Démontrons maintenant que, par le point O, on ne peut mener que OC perpendiculaire à AB.

Pour cela, supposons qu'on ait pu mener une autre ligne OE perpendiculaire à AB et coupant AB au point D.

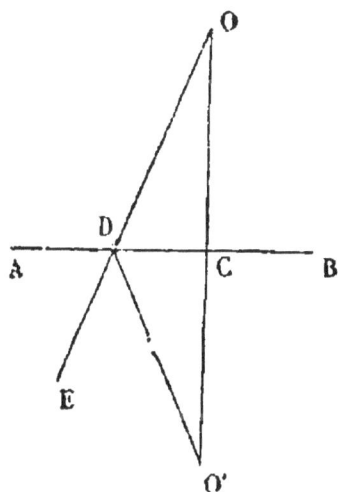

Joignons le point D au point O'; les angles CDO, CDO' qui coïncident quand la partie supérieure du plan est rabattue sur la partie inférieure, sont égaux, et par conséquent l'angle CDO est moindre que l'angle CDE.

Alors la droite O E, formant avec A B des angles adjacents inégaux, est oblique à A B.   C. Q. F. D.

THÉORÈME.

*Si, d'un point pris en dehors d'une droite, on abaisse sur cette
droite une perpendiculaire et des obliques :*

1° La perpendiculaire est plus courte que toute oblique;

*2° Deux obliques dont les pieds sont à égale distance du pied
de la perpendiculaire sont égales;*

*3° Une oblique est d'autant plus grande que son pied est plus
éloigné du pied de la perpendiculaire.*

Soient A B une droite et O un point pris en dehors de
cette droite, O C une perpendiculaire et O D une oblique
a A B.

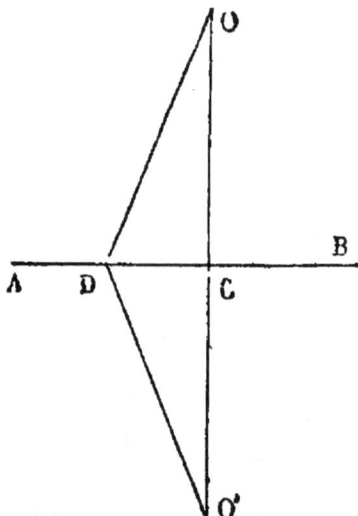

1° Je dis que la perpendiculaire O C est plus courte
qu'une oblique quelconque O D.

Pour le démontrer, prolongeons O C d'une longueur
C O' = O C et joignons D O'; nous obtenons ainsi deux
triangles O D C, O'D C qui sont égaux comme ayant un
angle égal compris entre deux côtés égaux chacun à
chacun (angle O C D = angle O'C D, O C = O'C, D C
commun) ; les troisièmes côtés sont donc égaux :
D O = D O'.

Or, la ligne droite O O' est plus petite que la ligne
brisée O D O', et sa moitié O C plus petite que la moitié
O D de la ligne brisée.

Donc la perpendiculaire O C < l'oblique O D.

C. Q. F. D.

REMARQUE. *On appelle distance d'un point à une droite le plus
court chemin du point à la droite. La distance d'un point à une
droite se mesurera donc par la perpendiculaire menée de ce
point à la droite.*

2° Soient deux obliques O D, O D', dont les pieds D, D'
sont à égale distance du pied C de la perpendiculaire
O C. Je dis que ces deux obliques O D, O D' sont égales.

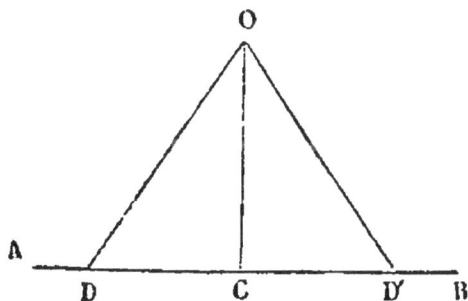

Pour cela, il suffit de remarquer que les deux triangles D O C, D'O C sont égaux comme ayant un angle
égal compris entre deux côtés égaux chacun à chacun

(angle OCD = angle OCD', OC commun, DC = $D'C$);
les troisièmes côtés de ces triangles sont donc égaux et
OD = OD'.   C. Q. F. D.

3° Soient deux obliques OD, OE, dont les pieds D, E
sont inégalement éloignés du pied C de la perpendiculaire OC; je vais démontrer que OE > OD.

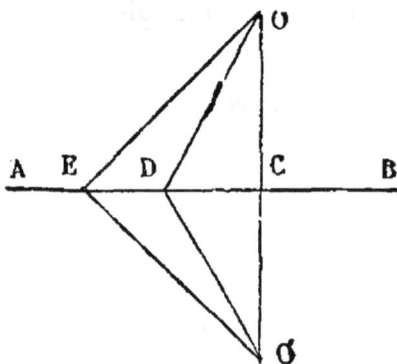

Pour cela, prolongeons OC d'une longueur CO' qui
lui soit égale, et joignons le point O' aux points E et D.
Nous obtenons ainsi deux lignes $O'D$ et $O'E$ qui, d'après
la première partie du théorème, sont respectivement
égales à OD et à OE.

Or, le point D étant à l'intérieur du triangle OEO',
nous savons que la somme $OD+DO'$ de ses distances
aux extrémités du côté OO' est moindre que la somme
$OE+EO'$ des deux autres côtés.

Donc, OD moitié de $DO+DO'$ < OE, moitié de
$OE+EO'$, ou

$$OE > OD.$$ C. Q. F. D.

COROLLAIRE I.

Les pieds de deux obliques égales sont équidistants du pied de la perpendiculaire.

COROLLAIRE II.

D'un point on ne peut mener à une droite plus de deux obliques égales.

Ces deux obliques sont situées de part et d'autre de la perpendiculaire abaissée du point sur la droite.

Il est facile de voir que d'un même point on ne peut mener à une même ligne trois droites égales, car, si cela était, il y aurait d'un même côté de la perpendiculaire deux obliques égales, ce qui est impossible.

THÉORÈME.

Si, par le milieu d'une droite, on élève une perpendiculaire sur cette droite :

1° Chaque point de la perpendiculaire est à égale distance des extrémités de la droite ;

2° Tout point situé en dehors de la perpendiculaire est à inégale distance des mêmes extrémités.

Soient A B une droite et C D une perpendiculaire à A B passant par son milieu O.

1° Je vais démontrer qu'un point quelconque M de la perpendiculaire C D est à égale distance des extrémités A et B de A B. Pour cela, menons M A et M B ; ces lignes sont des obliques par rapport à C O; de plus, elles sont égales comme également éloignées du pied de la per-

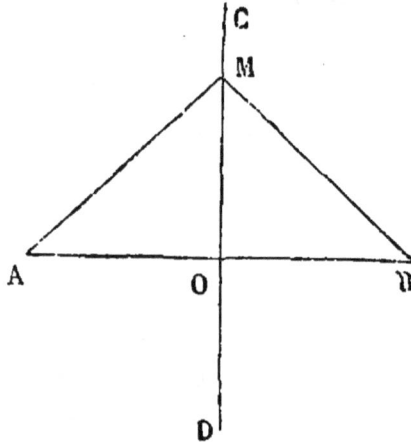

pendiculaire; donc le point M est à égale distance des extrémités de A B.   C. Q. F. D.

2° Considérons un point N pris en dehors de C D, et démontrons que N A > N B. Pour cela, joignons le point

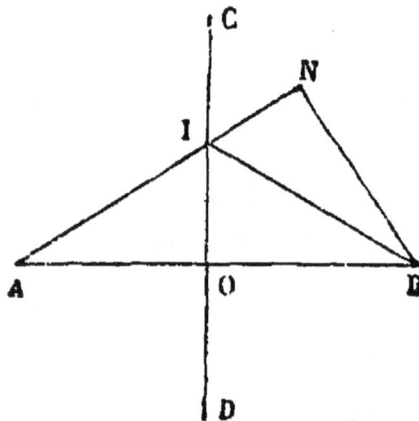

I, rencontre de CL avec N A au point B. D'après ce qeu nous venons de voir, I B = I A.

Or, dans le triangle I B N,

$$NB < NI + IB,$$

ou

$$NB < NI + IA,$$

ou

$$NB < NA.$$

Par conséquent :

$$NA > NB. \qquad \text{C. Q. F. D.}$$

DÉFINITION.

En géométrie plane, on appelle *lieu géométrique* d'un point une ligne droite ou courbe dont tous les points ont la même propriété, à l'exclusion de tous les autres points du plan.

Le théorème précédent donne un exemple d'un lieu géométrique : c'est la perpendiculaire menée sur le milieu d'une droite.

REMARQUE. *Si, par le milieu de chacun des côtés d'un*

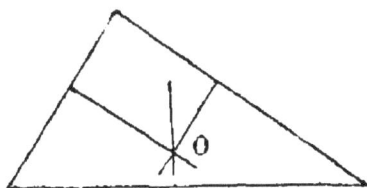

triangle, on mène une perpendiculaire à ce côté, on obtient trois droites qui concourent au même point O.

DÉFINITION.

On appelle triangle *rectangle* un triangle qui a un angle droit.

Exemple :.le triangle A B C.

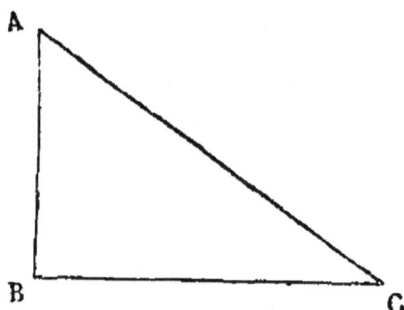

Dans un triangle rectangle, le côté opposé à l'angle droit porte le nom d'*hypoténuse*.

Exemple : A C.

ÉGALITÉ DES TRIANGLES RECTANGLES.

THÉORÈME.

Deux triangles rectangles qui ont l'hypoténuse égale et un angle aigu égal sont égaux.

Soient A B C, D E F deux triangles rectangles en A et D.

Supposons que l'hypoténuse B C = l'hypoténuse E F, et que l'angle B = l'angle E; je dis que ces deux triangles sont égaux.

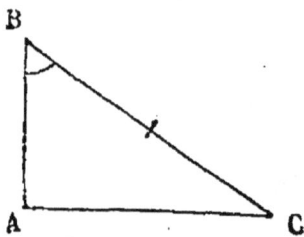

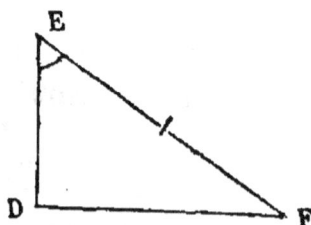

Pour le démontrer, transportons le second triangle

sur le premier, de façon que EF vienne sur BC; à cause de l'égalité des angles E et B, le côté ED prendra la direction du côté BA. Alors DF perpendiculaire à ED viendra se placer sur CA perpendiculaire à BA, puisqu'on ne peut abaisser du point C qu'une perpendiculaire sur BA. Donc le point D, qui est l'intersection de ED et FD, viendra tomber en A, intersection de BA et CA. Les deux triangles coïncidant, ils sont donc égaux.   C. Q F. D.

THÉORÈME

Deux triangles rectangles qui ont l'hypoténuse égale et un côté égal sont égaux.

Soient les deux triangles ABC, DEF rectangles en A et D, et dans lesquels nous supposons que BC = EF et que AC = DF.

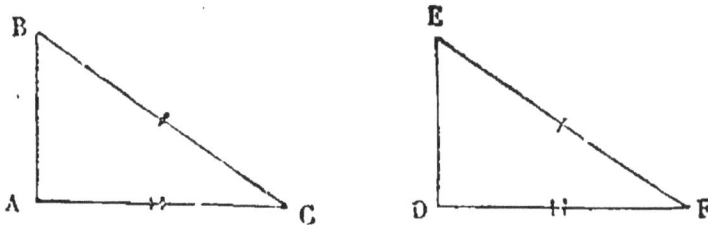

Pour démontrer que ces deux triangles sont égaux, transportons le second sur le premier, de façon que DF vienne sur AC; alors DE prendra la direction de AB. Quant au côté EF égal à BC, il tombera sur BC; car, du point B, on ne peut mener à la droite AB d'un même côté de AB qu'une seule oblique égale à BC. Les deux triangles coïncideront; donc ils seront égaux.   C. Q. F. D.

SEPTIÈME ET HUITIÈME SÉANCES.

PROPRIÉTÉS DE LA BISSECTRICE D'UN ANGLE. — DROITES PARALLÈ-LES. — DEUX DROITES PERPENDICULAIRES A UNE TROISIÈME SONT PARALLÈLES ENTRE ELLES. — PAR UN POINT PRIS HORS D'UNE DROITE, ON PEUT MENER UNE PARALLÈLE A CETTE DROITE *(on admettra sans démonstration qu'on ne peut en mener qu'une).* — LORSQUE DEUX DROITES SONT PARALLÈLES, TOUTE DROITE PERPENDICULAIRE A L'UNE D'ELLES EST PERPENDICULAIRE A L'AUTRE. — ANGLES FORMÉS PAR DEUX PARALLÈLES ET UNE SÉCANTE.

PROPRIÉTÉS DE LA BISSECTRICE D'UN ANGLE.

Nous avons vu que la droite qui partage un angle en deux parties égales s'appelle la *bissectrice* de cet angle.

Cette *bissectrice* jouit d'un certain nombre de propriétés qui ont leur importance en géométrie.

THÉORÈME.

Tout point de la bissectrice d'un angle est équidistant des côtés de cet angle, et, réciproquement, tout point situé dans l'angle et équidistant de ses côtés est situé sur la bissectrice de cet angle.

Soient AOB un angle, OC sa bissectrice. Démontrons d'abord qu'un point quelconque M de la bissectrice est équidistant des côtés de cet angle.

1° Pour cela, par le point M menons ME, MF respectivement perpendiculaires à OB et à OA; nous obtenons ainsi deux triangles rectangles OMF, OME qui

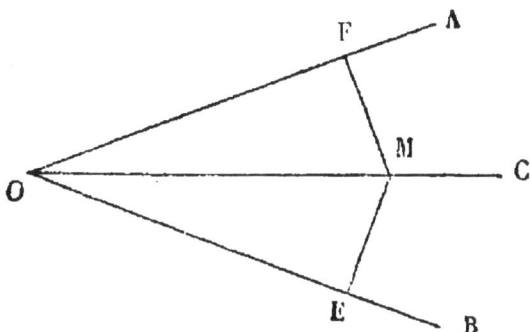

sont égaux comme ayant l'hypoténuse égale et un angle aigu égal (OM commun, l'angle FOM=l'angle EOM); donc MF=ME. C. Q. F. D.

2° Si un point quelconque M pris dans l'intérieur de l'angle AOB est équidistant de ses côtés, c'est-à-dire si les perpendiculaires MF, ME menées de ce point aux côtés de l'angle sont égales, ce point M sera sur la bissectrice de l'angle AOB.

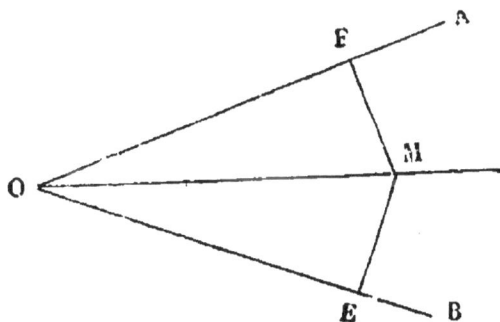

Pour le démontrer, il suffit de joindre le point O au point M; nous obtenons ainsi deux triangles rectangles

FOM, EOM qui sont égaux comme ayant même hypoténuse et un côté égal (OM commun et MF=ME).

Donc les angles FOM et EOM sont égaux et le point M appartient à la bissectrice de l'angle AOB. C. Q. F. D.

COROLLAIRE I.

Le lieu des points équidistants de deux droites AB, CD *qui se coupent au point O se compose des bissectrices* x, y, x'y', *des angles formés par ses droites.*

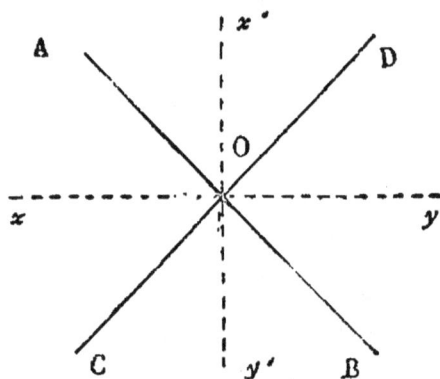

REMARQUE I. La bissectrice Oy est le prolongement de la bissectrice xO; de même, la bissectrice Oy' est le prolongement de la bissectrice x', O.

REMARQUE II. Les deux bissectrices xy, $x'y'$, sont perpendiculaires.

COROLLAIRE II.

Les bissectrices des trois angles d'un triangle équilatéral concourent au même point.

Dans-un triangle équilatéral ABC, le point de rencontre des bissectrices des angles est le même que le

point de rencontre des perpendiculaires élevées sur chacun des côtés par le milieu de ces côtés.

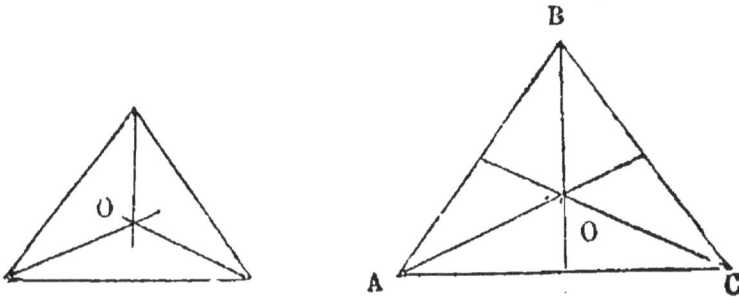

Ce point de rencontre O porte le nom d'*axe de symé-
trie* du triangle A B C.

DES PARALLÈLES.

DÉFINITIONS.

Les *parallèles* sont des lignes de même espèce,
droites ou courbes, qui, situées dans un même plan,
ne peuvent se rencontrer à quelque distance qu'on les
prolonge.

Droites parallèles.   Courbes parallèles.

On appelle *sécante* toute droite A B qui coupe deux
lignes parallèles.

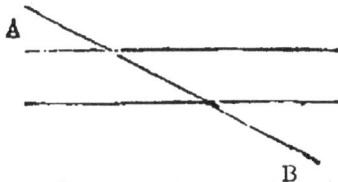

THÉORÈME.

Deux droites A B, C D *perpendiculaires à une troisième x y sont parallèles.*

En effet, si les deux droites A B, C D n'était pas parallèles, elles se rencontreraient.

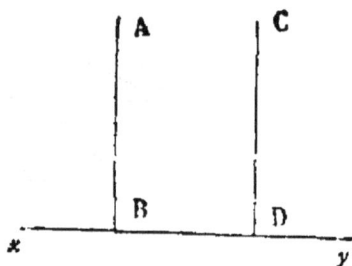

Alors, du point de rencontre de ces droites on pourrait abaisser deux perpendiculaires sur xy, ce qui est impossible.

THÉORÈME.

Par un point pris hors d'une droite, on peut mener une parallèle à cette droite.

Soient la droite A B et O un point pris en dehors de cette droite; démontrons que, par le point O, on peut mener une droite parallèle à A B. Pour cela, du

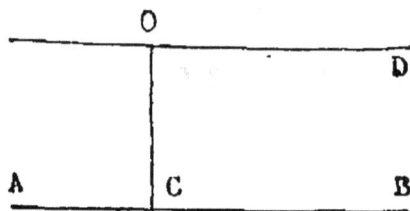

point O, abaissons O C perpendiculaire à A B et, par le même point O, élevons O D perpendiculaire sur O C. Les deux droites A B et D O seront perpendiculaires à O C; alors, d'après le théorème précédent, elles seront parallèles.   C. Q. F. D.

REMARQUE. Nous admettrons comme évident que la droite O D est la seule parallèle à A B que l'on puisse mener par le point O.

COROLLAIRE I.

Si deux lignes droites sont parallèles, toute ligne droite qui rencontre l'une rencontre aussi l'autre.

COROLLAIRE II.

Deux droites A B, C D parallèles à une troisième E F sont parallèles.

En effet, si les deux droites A B et C D n'étaient pas parallèles, elles se rencontreraient; mais alors, par ce

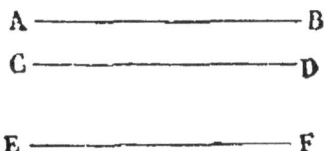

```
A ─────────────── B
C ─────────────▶ D

E ─────────────── F
```

point de rencontre, on pourrait mener deux droites A B, C D parallèles à E F, ce qui est impossible.

THÉORÈME.

Lorsque deux droites sont parallèles, toute droite perpendiculaire à l'une est perpendiculaire à l'autre.

Soient A B et C D deux droites parallèles; je suppose

que E F soit perpendiculaire à A B; je vais démontrer que F E sera aussi perpendiculaire à C D.

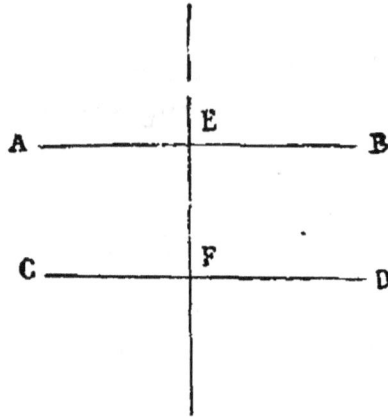

En effet, par le point F, élevons une perpendiculaire à F E : cette perpendiculaire devra être parallèle à A B; elle devra donc se confondre avec CD; alors C D sera perpendiculaire à EF, ou EF sera perpendiculaire à C D.   C. Q. F. D.

THÉORÈME.

Une sécante rencontrant deux droites parallèles forme avec elles huit angles :

1° Les quatre angles aigus sont égaux;

2° Les quatre angles obtus sont égaux;

3° L'un quelconque des angles aigus est le supplément de l'un quelconque des angles obtus.

Soient A B, C D deux droites parallèles, E F une sécante; E F coupe A B au point G et fait avec A B quatre angles qui sont égaux deux à deux comme opposés par le sommet; deux de ces angles sont aigus, deux sont obtus. De même, E F fait avec C D quatre angles, deux aigus, deux obtus, qui sont égaux deux à deux. Il

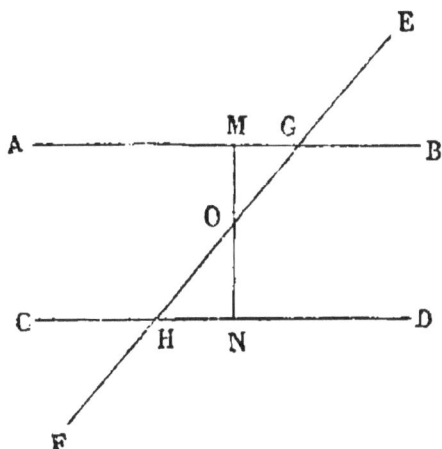

suffit de démontrer que l'un des angles aigus formés par la sécante avec A B est égal à l'un des angles aigus formés par la sécante avec C D : que, par exemple, l'angle A G H = l'angle G H D.

Pour cela, par le point O, milieu de G H, menons M N perpendiculaire à A B et par conséquent à C D.

Nous obtenons ainsi deux triangles rectangles M G O, N H O qui sont égaux comme ayant l'hypoténuse et un angle aigu égal (G O = O H, l'angle G O M = l'angle N O H). Donc l'angle A G H = l'angle G H D.

Les quatre angles aigus sont donc égaux.

Chaque angle obtus étant le supplément d'un angle aigu, les quatre angles obtus sont aussi égaux. De plus, un quelconque des angles aigus sera bien le supplément de l'un quelconque des angles obtus.

COROLLAIRE.

Si l'un des huit angles est droit, tous les autres seront droits.

DÉFINITIONS.

Pour énoncer plus facilement les différents angles formés par une sécante qui rencontre deux droites quelconques, on a donné des noms particuliers aux huit angles ainsi obtenus.

1° Les quatre angles 1, 2, 3, 4 compris entre les deux lignes droites sont appelés *angles internes*.

2° Les quatre angles 5, 6, 7, 8 qui ne sont pas situés entre les lignes A B, C D, sont appelés *angles externes*.

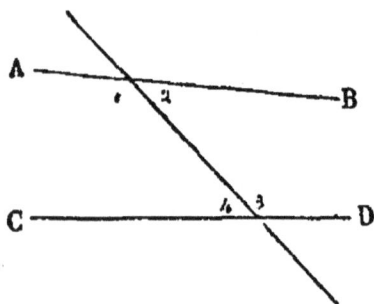

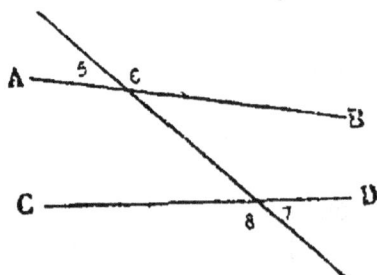

3° Deux angles internes non adjacents sont dits *alternes-internes* lorsqu'ils sont placés des deux côtés

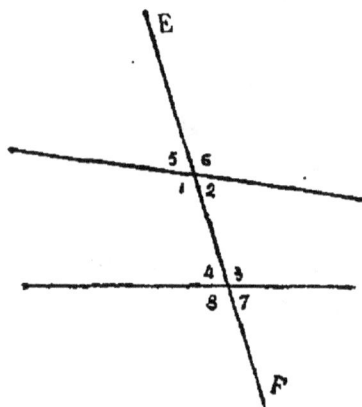

de la sécante E F (exemple : 1 et 3); ou *internes du*

même côté lorsqu'ils sont placés du même côté de la sécante (exemple : 2 et 3).

4° De même, les angles 5 et 7 sont dits *alternes-externes*, et les angles 6 et 7 sont dits *externes du même côté*.

5° Enfin, on appelle angles *internes-externes* ou *correspondants* deux angles situés d'un même côté de la sécante, dont l'un est interne et l'autre externe sans être adjacent.

Exemples : les angles 6 et 3, les angles 1 et 8.

Ces dénominations permettent d'énoncer le théorème précédent de la manière suivante :

Deux droites parallèles coupées par une sécante font avec cette sécante :
1° *Des angles alternes-internes égaux;*
2° *Des angles alternes-externes égaux;*
3° *Des angles correspondants égaux;*
4° *Des angles internes d'un même côté supplémentaires;*
5° *Des angles extérieurs d'un même côté supplémentaires.*

THÉORÈME.

Réciproquement: Si deux lignes droites rencontrées par une sécante font ou deux angles alternes-internes égaux, ou deux angles alternes-externes égaux, ou deux angles correspondants égaux, ou deux angles internes d'un même côté supplémentaires, ou deux angles extérieurs d'un même côté supplémentaires,

Ces deux droites sont parallèles.

Soient les deux droites A B, C D rencontrées par la sécante EF. Je suppose égaux les angles alternes-internes AGH et GHD, je dis que les droites AB, CD sont parallèles.

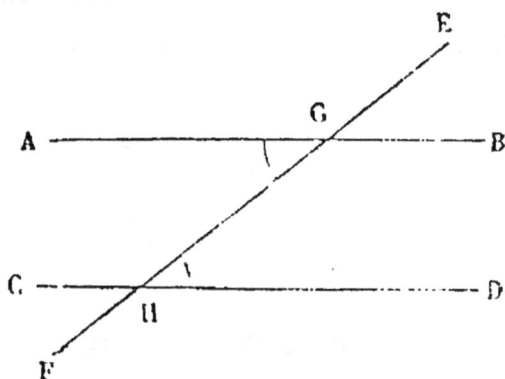

En effet, la parallèle à A B menée par le point H fait avec GH, à droite de cette ligne, un angle égal à l'angle AGH, parce que les deux angles sont deux angles alternes-internes formés par une sécante et deux parallèles. Mais l'angle AGH est supposé égal à l'angle GHD; donc la parallèle à AB, menée par le point H, fait avec CD un angle égal à l'angle GHD, et par conséquent elle coïncide avec HD.

Le même raisonnement s'applique aux autres cas.

NEUVIÈME SÉANCE.

ANGLES DONT LES CÔTÉS SONT PARALLÈLES OU PERPENDICULAIRES. — SOMME DES ANGLES D'UN TRIANGLE ET D'UN POLYGONE.

DÉFINITIONS.

On appelle *polygone* une portion de plan limitée par des lignes droites. Le droites limitées à leur intersection sont les côtés du polygone. L'ensemble de ces droites forme le contour ou le périmètre de la figure.

Chaque angle formé par deux côtés consécutifs est un angle du polygone.

On appelle *diagonale* toute droite qui joint deux sommets non consécutifs.

Un polygone est *convexe* quand il est tout entier d'un même côté, par rapport à chacun de ses côtés prolongés indéfiniment. Dans le cas contraire, il est *concave*.

Un polygone de trois côtés est un triangle. On appelle *quadrilatère*, *pentagone*, *hexagone*..., etc., un polygone de quatre, cinq, six côtés, etc.

ANGLES DONT LES COTÉS SONT PARALLÈLES OU PERPENDICULAIRES.

THÉORÈME.

Deux angles qui ont leurs côtés parallèles chacun à chacun sont égaux ou supplémentaires :

1° Ils sont égaux lorsque les côtés parallèles sont dirigés deux à deux dans le même sens ou en sens inverse;

2° Ils sont supplémentaires lorsque deux côtés parallèles ont la même direction et les deux autres des directions contraires.

1° Soient les deux angles ABC, DEF dont les côtés BA, ED, BC et EF sont parallèles et dirigés dans le même sens; je dis que ces deux angles sont égaux.

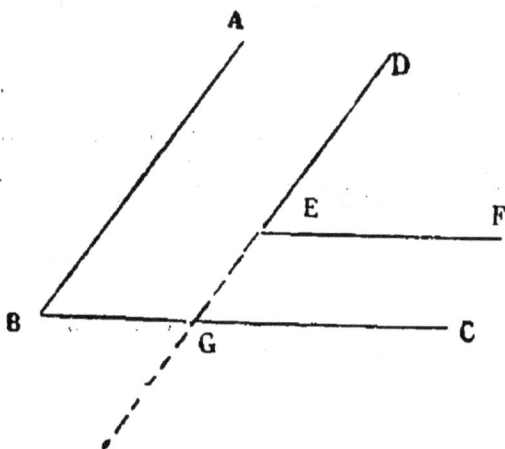

Pour le démontrer, prolongeons DE jusqu'à sa rencontre avec BC au point G. Nous voyons que l'angle DEF = l'angle EGC comme correspondants par rapport aux deux parallèles EF, GC et à la sécante DG. Par la même raison, l'angle EGC = l'angle ABC.

Donc les deux angles DEF et ABC sont égaux, comme valant la même quantité EGC.　　　　C. Q. F. D.

Supposons maintenant que les deux côtés de l'angle ABC soient dirigés en sens inverse des deux côtés de l'angle DEF et démontrons que ces deux angles sont égaux.

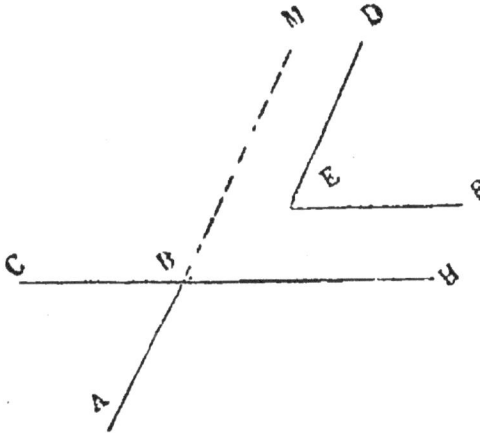

Pour cela, prolongeons au delà du sommet B les deux côtés de l'angle ABC.

Nous obtenons ainsi un nouvel angle MBH égal à l'angle ABC comme opposé par le sommet.

De plus, ce nouvel angle MBH a ses côtés parallèles à ceux de l'angle DEF et dirigés dans le même sens; ces deux angles sont donc égaux. Mais alors les deux angles ABC, DEF sont égaux comme valant la même quantité MBH.　　　　C. Q. F. D.

2° Soient les deux angles ABC, DEF dont les côtés parallèles EF, BC sont dirigés dans le même sens et les côtés parallèles ED, BA sont dirigés en sens inverse. Démontrons que ces deux angles sont supplémentaires.

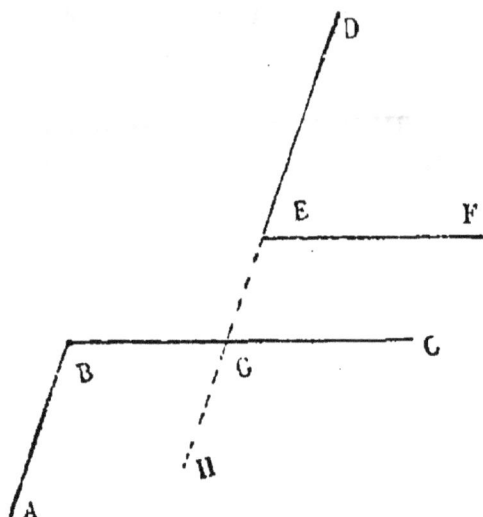

Pour cela, prolongeons DE jusqu'à sa rencontre avec BC en G. L'angle ABC est égal à l'angle HGC (comme correspondants par rapport aux deux parallèles AB, HG et à la sécante BG), lequel est le supplément de l'angle DEF (comme extérieurs du même côté par rapport aux deux parallèles EF, GC et à la sécante EG).

Donc les angles ABC, DEF sont supplémentaires.

C. Q. F. D.

THÉORÈME.

Deux angles qui ont leurs côtés perpendiculaires chacun à chacun sont égaux ou supplémentaires :

1° *Ils sont égaux s'ils sont à la fois aigus ou obtus;*

2° *Ils sont supplémentaires si l'un est obtus et l'autre aigu.*

1° Soient ABC, DEF deux angles aigus dont les côtés sont perpendiculaires chacun à chacun (EF perpendi-

culaire à A B, D E perpendiculaire à B C); je dis qu'ils
sont égaux.

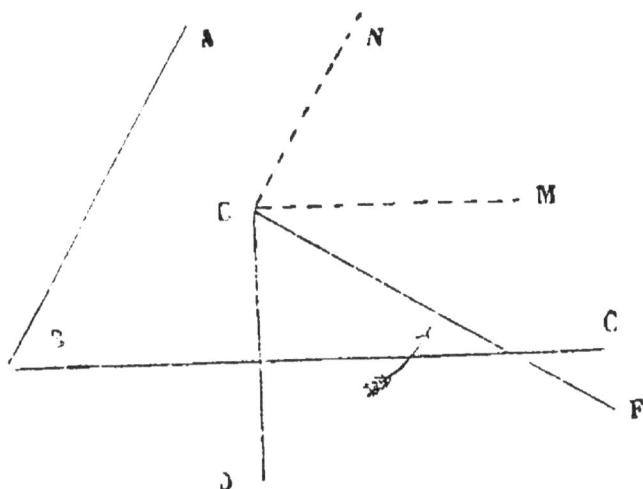

Pour le démontrer, par le point E menons E M parallèle à B C et E N parallèle à B A; nous obtenons ainsi
un angle N E M qui est égal à l'angle A B C d'après le
théorème précédent. Faisons tourner l'angle D E F d'un
angle droit autour de son sommet E, de cette façon le
côté E D vient se placer sur E M et le côté E F sur E N.
Mais alors l'angle D E F est égal à l'angle M E N et par
suite à l'angle A B C.   C. Q. F. D.

On démontrerait de la même manière que deux angles
obtus dont les côtés sont perpendiculaires chacun à chacun sont égaux.

2° Soient deux angles A B C, D E F, l'un aigu, l'autre
obtus, dont les côtés sont perpendiculaires chacun à
chacun (E D perpendiculaire à A B et E F perpendiculaire à B C); je dis que ces deux angles sont supplémentaires.

Pour le démontrer, par le point B et au-dessus de BC, menons BM parallèle à ED et BN parallèle à EF ;

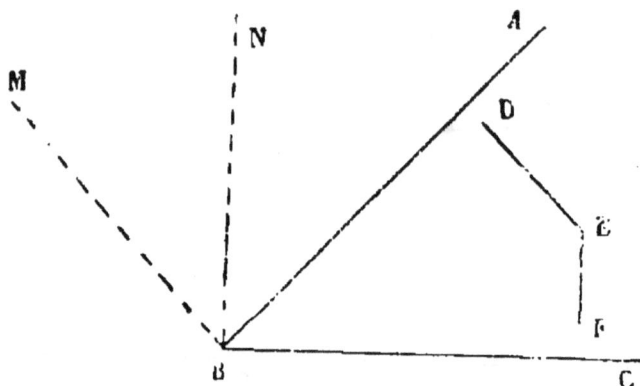

nous obtenons ainsi un angle M B N dont les côtés sont parallèles aux côtés de l'angle D E F, mais dirigés deux BM et ED dans le même sens et deux BN, EF en sens inverse. D'après le théorème précédent, ces deux angles sont supplémentaires. Or, les deux angles M B N, A B C sont égaux comme valant la même quantité (un droit — NBA). Donc l'angle A B C est le supplément de l'angle D E F.

C. Q. F. D.

SOMME DES ANGLES D'UN TRIANGLE ET D'UN POLYGONE.

THÉORÈME.

La somme des angles d'un triangle est égale à deux droits.

Soit le triangle A B C. Prolongeons B C au delà du point C, et par le point C menons C E parallèle à B A. L'angle E C D = l'angle A B C (comme correspondants par rapport aux deux parallèles E C, A B et à la sécante

BD). L'angle E C A = l'angle C A B (comme alternes-internes par rapport aux deux parallèles E C, A B et à la sécante A C).

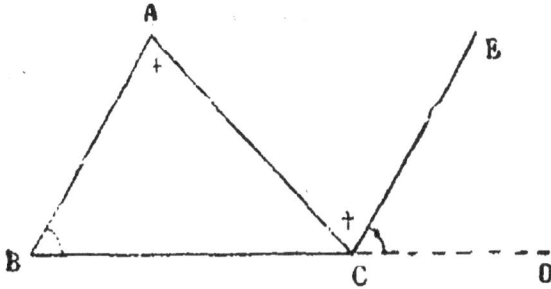

L'angle A C B appartient au triangle.

Nous avons ainsi formé autour du point C trois angles dont chacun est égal à l'un des angles du triangle. Mais comme la somme des angles formés autour d'un point au-dessus d'une droite est égale à deux angles droits, il s'ensuit que la somme du triangle A B C est égale à deux droits.   C. Q. F. D.

COROLLAIRE I

La construction précédente montre que l'angle A C D, formé par le côté A C et le prolongement C D du côté B C, angle que l'on appelle *angle extérieur* au triangle, est égal à la somme des angles A et B. Donc *un angle extérieur est égal à la somme des deux angles intérieurs qui ne lui sont pas adjacents.*

COROLLAIRE II.

Un triangle ne peut avoir qu'un seul angle droit ou obtus ; alors les deux autres angles sont aigus. Les deux angles aigus d'un triangle rectangle sont complémentaires.

COROLLAIRE III.

Deux triangles qui ont deux angles égaux chacun à
chacun ont les trois angles égaux chacun à chacun.

Valeur de l'angle du triangle équilatéral, $\frac{1}{3}$ de deux
droits.

THÉORÈME.

La somme des angles intérieurs d'un polygone convexe est
égale à autant de fois deux angles droits que ce polygone a de
côtés moins deux.

Pour démontrer ce théorème, il suffit de remarquer
que :

1° Le polygone peut être décomposé en autant de
triangles qu'il y a de côtés moins deux ;

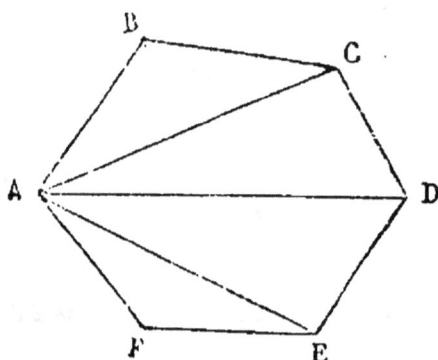

2° La somme des angles de ces triangles est égale à
la somme des angles du polygone.

Donc, la somme des angles du polygone est égale à
autant de fois deux angles droits qu'il y a de côtés
moins deux.   C. Q. F. D.

Soit N le nombre des côtés d'un polygone : la somme

des angles intérieurs est égale à 2 (N — 2) angles droits, ou 2 N droits — 4 droits.

THÉORÈME.

La somme des angles extérieurs formés en prolongeant dans le même sens tous les côtés d'un polygone convexe est égale à quatre angles droits.

En effet, chaque angle extérieur, ajouté à l'angle intérieur, donne une somme égale à deux angles droits. La somme des angles extérieurs et intérieurs est donc

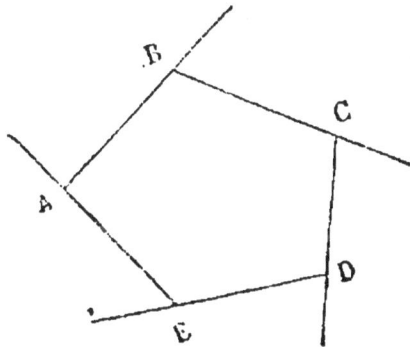

égale à 2 n droits (n étant le nombre des côtés); et comme la somme des angles intérieurs est égale à 2 n — 4 angles droits, il reste 4 angles droits pour la somme des angles extérieurs.   C. Q. F. D.

DIXIÈME SÉANCE.

DÉFINITIONS.

Nous avons vu, dans la leçon précédente, qu'un *quadrilatère* était une figure plane limitée par quatre droites.

Cette figure présente quatre angles.

Une ligne qui joint deux sommets opposés se nomme une *diagonale*.

De même que nous avons distingué plusieurs sortes de triangles, il y a aussi lieu de considérer plusieurs espèces de *quadrilatères*.

Le *parallélogramme* est un quadrilatère dont les côtés sont deux à deux parallèles.

Le *rectangle* est un parallélogramme dont tous les angles sont droits.

Le *carré* est un rectangle dont tous les côtés sont égaux.

Le *losange* est un quadrilatère qui a tous ses côtés égaux.

Le *trapèze* est un quadrilatère dont deux côtés sont parallèles; on les nomme les *bases* du trapèze.

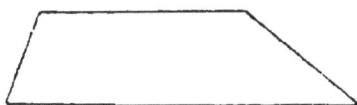

Nous allons étudier successivement les propriétés de ces figures.

PROPRIÉTÉS DU PARALLÉLOGRAMME.

THÉORÈME.

Dans un parallélogramme, les côtés opposés sont égaux; les angles opposés le sont aussi.

Soit ABCD un parallélogramme; démontrons d'abord que deux côtés opposés, AB, DC par exemple, sont égaux.

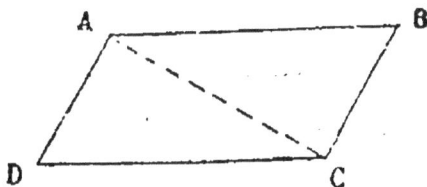

Pour cela, tirons la diagonale AC; cette diagonale partage le parallélogramme ABCD en deux triangles

ABC et ADC qui sont égaux comme ayant un côté égal adjacent à deux angles égaux chacun à chacun (AC commun, l'angle BAC = l'angle ACD comme alternes-internes par rapport aux deux parallèles AB, CD et à la sécante AC, l'angle BCA = l'angle CAD pour la même raison). Donc le côté AB opposé à l'angle ACB = le côté DC opposé à l'angle DAC.   c. q. f. d.

Démontrons maintenant que l'angle B = l'angle D. Cela résulte de l'égalité des deux triangles ABC, ADC. Dans ces triangles égaux, les angles D et B opposés à des côtés égaux sont égaux.   c. q. f. d.

COROLLAIRE I.

Deux parallèles comprises entre deux parallèles sont égales.

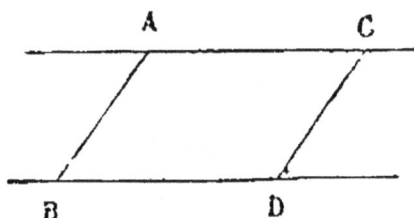

En effet, ces deux parallèles AB, CD ne sont autre chose que les deux côtés opposés du parallélogramme ABDC.

COROLLAIRE II.

Deux parallèles sont partout également distantes.

Soient AA' BB' deux parallèles.

Par les points M, M' pris quelconques, sur AA', menons MP, M'P' perpendiculaires à BB'; nous obtenons ainsi une figure MM'P'P qui est un parallélogramme.

Or. dans ce parallélogramme, les deux côtés opposés MP, M'P' sont égaux ; donc les deux points M M' pris au hasard sur A A' sont à égale distance de la droite B B'.

C. F. D. Q.

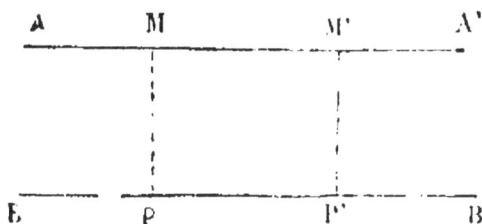

THÉORÈME.

Lorsque, dans un quadrilatère, les côtés ou les angles opposés sont égaux, le quadrilatère est un parallélogramme.

Soit le quadrilatère A B C D, dans lequel nous supposerons d'abord que les côtés opposés A B, C D et A D, B C sont égaux ; il faut démontrer que la figure est un parallélogramme. Pour cela, menons la diagonale A C ; nous décomposons ainsi le quadrilatère en deux trian-

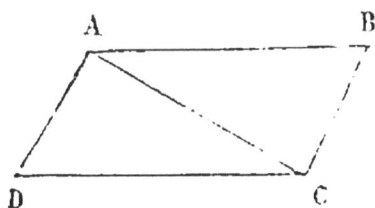

gles qui sont égaux comme ayant leurs trois côtés égaux chacun à chacun. Mais alors l'angle B A C = l'angle A C D. Or, ces deux angles sont formés par deux droites A B, C D coupées par une troisième, et ils sont alternes-internes par rapport à ces trois droites ; mais ces angles étant égaux, il s'ensuit que les droites A B, C D sont parallèles.

Un raisonnement analogue ferait voir que A D et B C sont parallèles. Le quadrilatère A B C D est donc un parallélogramme. C. Q. F. D.

Supposons maintenant que les angles opposés soient égaux, c'est-à-dire que A = C et B = D.

Nous savons que la somme des 4 angles du quadrilatère A + B + C + D = 4 droits, ou 2 A + 2 B = 4 droits; donc

$$A + B = 2 \text{ droits.}$$

Les angles supplémentaires A et B étant intérieurs d'un même côté par rapport aux droites A D, B C et à la sécante A B, les droites A D, B C sont parallèles. Un raisonnement analogue ferait voir que les côtés A B, C D sont parallèles. Donc le quadrilatère A B C D est un parallélogramme. C. Q. F. D.

COROLLAIRE.

Le losange étant un quadrilatère dont tous les côtés sont égaux est aussi un parallélogramme.

THÉORÈME.

Tout quadrilatère qui a deux côtés opposés égaux et parallèles est un parallélogramme.

Soit A B C D un quadrilatère dans lequel nous supposons égaux et parallèles les deux côtés opposés A B et C D; démontrons que la figure est un parallélogramme. Pour cela, menons la diagonale A C; nous obtenons ainsi deux triangles A B C, A C D qui sont égaux comme ayant un angle égal compris entre deux côtés égaux chacun à chacun (l'angle B A C = l'angle A C D comme

alternes-internes par rapport aux deux parallèles A B,
C D et à la sécante A C, le côté A C commun et les côtés A B,
D C égaux par hypothèse). Or, dans ces triangles égaux,

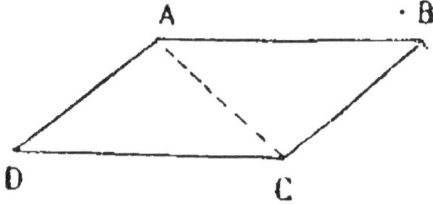

l'angle D A C opposé au côté D C = l'angle B C A opposé
au côté A B; donc A D est parallèle à B C; par conséquent, la figure est un parallélogramme.   C. Q. F. D.

THÉORÈME.

*Les diagonales d'un parallélogramme se coupent en parties
égales.*

Soit O le point d'intersection des diagonales A C et B D.
Démontrons par exemple que B O = D O.

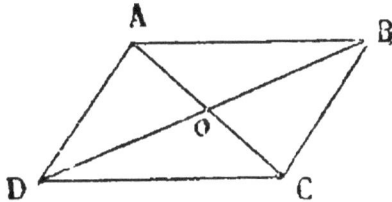

Pour cela, il suffit de remarquer que les deux triangles
A O B et D O C sont égaux comme ayant un côté égal
adjacent à deux angles égaux chacun à chacun (A B =
D C, l'angle A B O = l'angle O D C comme alternes-internes par rapport aux deux parallèles A B, B C et à la sécante B D, l'angle B A O = l'angle O C D pour une raison
analogue). Alors le côté B O opposé à l'angle B A O = le
côté D O opposé à l'angle O C D.   C. Q. F. D.

Réciproquement : Si les diagonales d'un quadrilatère se coupent en parties égales, la figure est un parallélogramme.

COROLLAIRE I.

Les diagonales d'un rectangle sont égales.

En effet, les deux triangles A D C, B C D sont égaux ; leurs hypoténuses A C, B D le sont aussi.

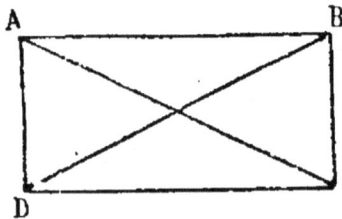

La réciproque de ce corollaire est vraie.

COROLLAIRE II.

Les diagonales d'un losange sont perpendiculaires l'une à l'autre.

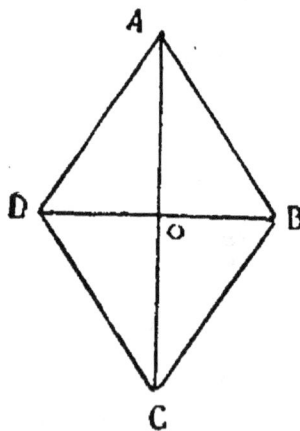

Soit O le point de rencontre des diagonales ; ce point O est le milieu de DB. Dans le triangle isocèle DAB, la droite AO qui joint le sommet A au milieu de la base est perpendiculaire sur cette base; donc les diagonales AC, BD sont perpendiculaires.　　　　C. Q. F. D.

La réciproque de ce corollaire est vraie.

COROLLAIRE III.

Les diagonales d'un carré sont égales et perpendiculaires l'une à l'autre.

Car le carré est à la fois un rectangle et un losange.
La réciproque est vraie.

THÉORÈME.

Deux parallélogrammes sont égaux lorsqu'ils ont un angle égal compris entre deux côtés égaux chacun à chacun.

Transportons le parallélogramme A'B'C'D' sur le parallélogramme ABCD, de façon que D'A' vienne sur DA; à cause de l'égalité des angles D' et D' D'C' viendra se placer sur DC; alors A'B', qui est parallèle.

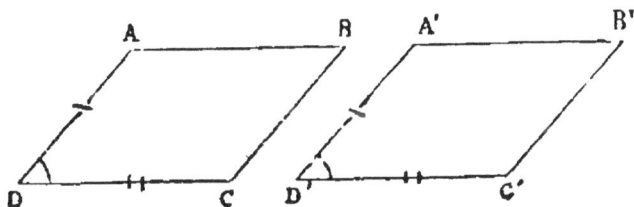

à D'C', viendra sur AB qui est parallèle à DC ; de même C'B' viendra sur CB. Mais alors le point B', qui est à la fois sur A'B' et C'B', viendra se placer sur le

point B qui est à la fois sur A B et C B. Les deux parallélogrammes coïncideront; ils seront égaux.

C. Q. F. D.

COROLLAIRE.

*Deux rectangles sont égaux lorsqu'ils ont deux côtés adja-
cents égaux chacun à chacun.*

ONZIÈME SÉANCE.

DE LA CIRCONFÉRENCE. — RAYON, DIAMÈTRE, ARC, CORDE. — LES ARCS ÉGAUX SONT SOUS-TENDUS PAR DES CORDES ÉGALES ET RÉCIPROQUEMENT. — LE RAYON PERPENDICULAIRE A UNE CORDE DIVISE CETTE CORDE ET L'ARC SOUS-TENDU EN DEUX PARTIES ÉGALES. — LES CORDES ÉGALES SONT ÉGALEMENT DISTANTES DU CENTRE.

DÉFINITIONS.

La *circonférence* est une ligne courbe plane dont tous les points sont à la même distance d'un point intérieur situé dans son plan et que l'on nomme *centre*.

Le *cercle* est la portion de plan limitée par la circonférence.

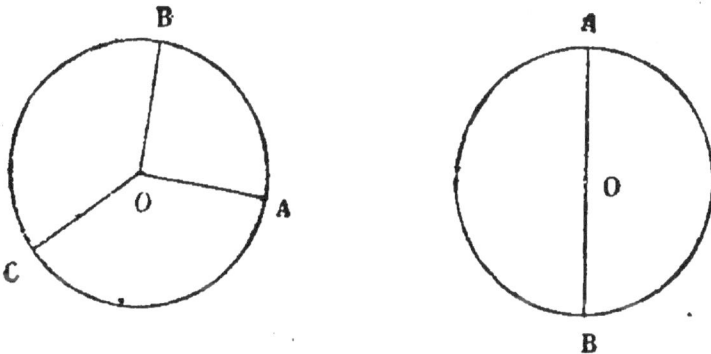

Les lignes droites qui joignent le centre aux différents points de la circonférence s'appellent des *rayons*.

D'après la définition de la circonférence, tous les rayons sont égaux. Exemple : $OA = OB = OC$.

On appelle *diamètre* toute droite passant par le centre et terminée de part et d'autre à la circonférence. Exemple : la ligne AB. Tout diamètre est double du rayon. Tous les diamètres sont donc égaux.

On appelle *arc* une portion ABD de la circonférence.

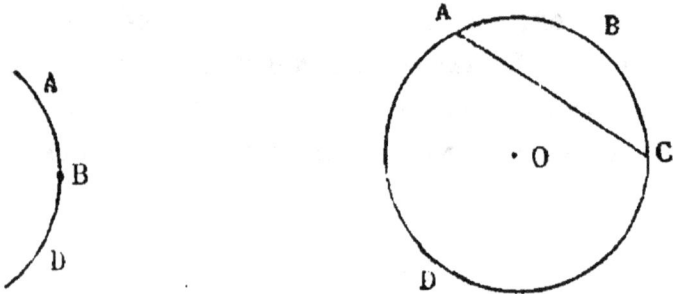

On appelle *corde* ou *sous-tendante* la droite qui joint les extrémités d'un arc.

Telle est la droite AC. Une corde appartient à deux arcs dont la réunion forme la circonférence. Ainsi la corde AC sous-tend aussi bien l'arc ABC que l'arc ADC.

On ne considère en général que le plus petit de ces deux arcs.

On appelle *circonférences concentriques* plusieurs

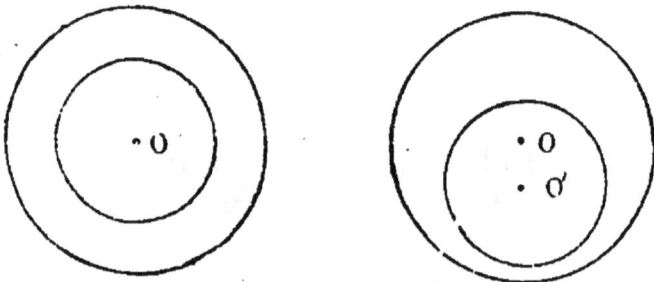

circonférences qui ont le même centre O, et *circon-*

férences excentriques des circonférences qui ont des centres différents.

On appelle *angle au centre* un angle A O B dont le sommet est au centre d'une circonférence.

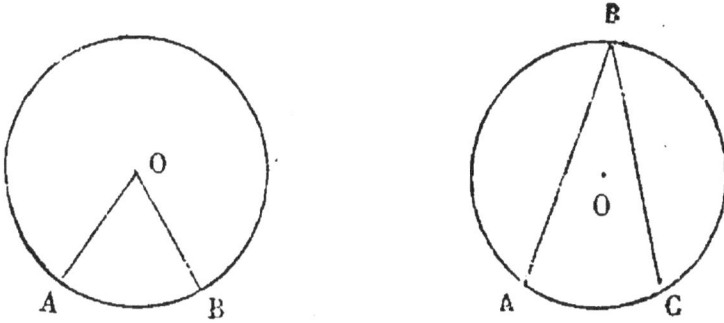

On appelle *angle inscrit* un angle A B C formé par deux cordes qui se coupent sur la circonférence.

THÉORÈME.

Une droite ne peut rencontrer une circonférence en plus de deux points.

Car si elle la rencontrait en trois, ces trois points seraient également distants du centre; il y aurait donc trois droites égales menées d'un même point à une même ligne droite. ce qui est impossible.

THÉORÈME.

Tout diamètre partage la circonférence et le cercle en deux parties égales.

Car si on applique la figure A C B sur A D B, en la faisant tourner autour de A B comme charnière, ces deux figures coïncideront ; sans quoi il y aurait dans l'une ou dans l'autre des points inégalement éloignés du centre, ce qui est contraire à la définition de la circonférence.

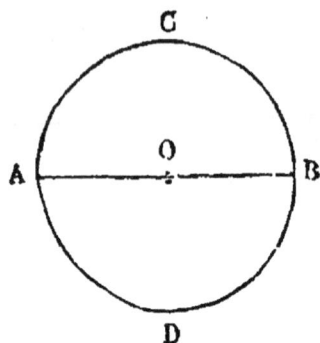

THÉORÈME.

Le diamètre est la plus grande corde du cercle.

Il faut démontrer que AB est plus grand que AD, par exemple. Pour cela, menons DO ; la ligne brisée

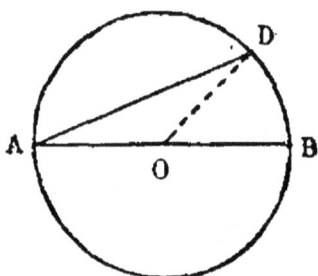

AO + OD > AD ; mais OD = OB, donc AO + OB > AD, ou AB > AD.   C. Q. F. D.

THÉORÈME.

Dans un même cercle ou dans des cercles égaux, les arcs égaux sont sous-tendus par des cordes égales, et, réciproquement, les cordes égales sous-tendent des arcs égaux.

Soient O, O' deux cercles égaux, A M B, A' M' B' deux arcs égaux ; il faut démontrer que la corde A B égale la corde A' B'. Pour cela, transportons la circonférence O' sur la circonférence O, de manière que l'arc A' M' B'

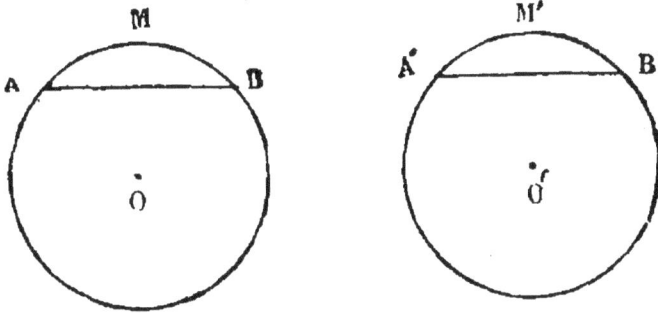

vienne se placer sur l'arc A M B ; ce qui est possible, puisque nous avons supposé les deux circonférences égales et les deux arcs A M B, A' M' B' égaux ; alors le point A' étant sur le point A et le point B' sur le point B, la corde A' B' viendra se placer sur la corde A B, ces deux cordes seront donc égales.   C. Q. F. D.

RÉCIPROQUEMENT.

Supposons les deux circonférences égales et les cordes

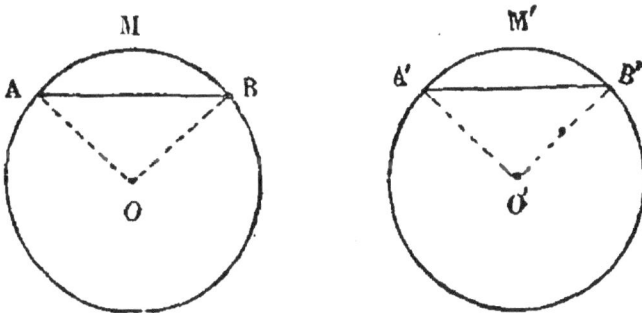

A B, A' B' égales ; démontrons que les deux arcs A M B, A' M' B' sous-tendus par ces cordes sont égaux.

Pour cela, menons les rayons AO, BO et A'O', B'O'; nous obtenons ainsi deux triangles AOB, A'O'B' qui sont égaux comme ayant leurs trois côtés égaux chacun à chacun. Si nous transportons la circonférence O' sur la circonférence O, de manière que le triangle A'O'B' s'applique sur son égal le triangle AOB, non seulement les deux circonférences coïncideront, mais encore le point A' étant sur le point A et le point B' sur le point B, l'arc A'M'B' coïncidera avec l'arc AMB.

Ces deux angles seront donc égaux.   C. Q. F. D.

THÉORÈME.

Dans un même cercle ou dans des cercles égaux, deux arcs inégaux et moindres qu'une demi-circonférence sont sous-tendus par des cordes inégales. Le plus grand arc est sous-tendu par la plus grande corde.

Soient O, O' deux cercles égaux, AMB, CND deux arcs inégaux moindres qu'une demi-circonférence et AMB < CND.

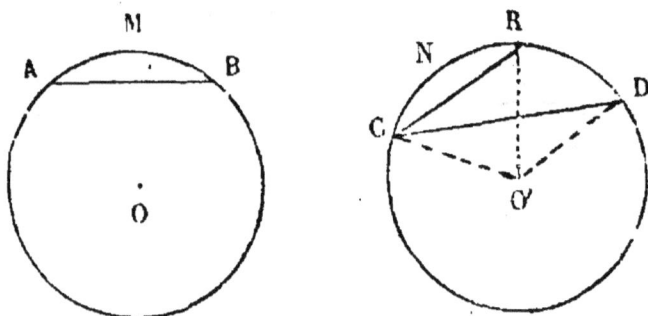

Il faut démontrer que la corde CD est plus grande que la corde AB. Pour cela, prenons sur l'arc CND une longueur CNR égale à l'arc AMB ; joignons les points

C, R, D au centre O'. L'arc C N R étant plus petit que
l'arc C N D, le rayon R O' se trouve dans l'angle C O' D,
qui est dès lors plus grand que l'angle C O' R. Les deux
triangles C O' R, C O' D ont un angle inégal compris
entre deux côtés égaux chacun à chacun ; leurs troisièmes côtés sont inégaux, et C D opposé au plus grand
angle est plus grand que C R ou A B opposé au plus
petit.   C Q. F. D.

RÉCIPROQUEMENT.

Dans le même cercle ou dans des cercles égaux, deux
arcs moindres qu'une demi-circonférence sont inégaux
si leurs cordes sont inégales, et celui qui a la plus
grande corde est le plus grand. .

THÉORÈME.

Le rayon perpendiculaire à une corde divise cette corde et
l'arc sous-tendu en deux parties égales.

Soit O C D un rayon perpendiculaire à la corde A B ; il

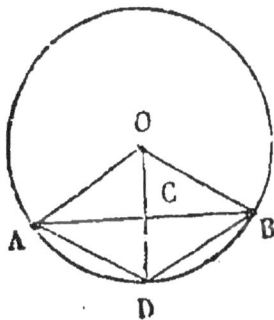

faut démontrer que le point C est le milieu de A B, et le
point D le milieu de l'arc A D B.

Pour cela, menons les deux rayons O A, O B ; ces
rayons sont, par rapport à O C, deux obliques égales ;

donc ils s'écartent également du pied de la perpendiculaire; donc AC = CB.

En second lieu, puisque AC = CB, si nous menons les deux cordes AD, BD, ces deux cordes sont, par rapport à la perpendiculaire OD, deux obliques s'éloignant également du pied C de cette perpendiculaire; elles sont donc égales. Mais alors les arcs qu'elles sous-tendent sont égaux et le point D est le milieu de l'arc ADB.　　　　　　　　　　　　　　　C. Q. F. D.

COROLLAIRE.

La droite OD passe par le centre, par le milieu de la corde, par le milieu de l'arc; enfin elle est perpendiculaire sur la corde. Or, deux de ces conditions suffisent pour déterminer la position d'une droite; donc toute ligne droite qui sera assujettie à deux de ces conditions remplira nécessairement les deux autres.

Exemple : *Le rayon passant par le milieu d'un arc divise la corde de cet arc en deux parties égales et lui est perpendiculaire.*

THÉORÈME.

Dans un même cercle, ou dans des cercles égaux :

1° Deux cordes égales sont également éloignées du centre;

2° De deux cordes inégales, la plus grande est la plus rapprochée du centre.

1° Soient dans les cercles O et O' deux cordes égales AB et A'B'; il faut démontrer que ces deux cordes égales sont à égale distance des centres O et O', ou que les perpendiculaires OI, O'I' menées des centres sur ces cordes sont égales.

Pour cela, transportons la circonférence O' sur la circonférence O, de façon que le point A' tombe sur le point

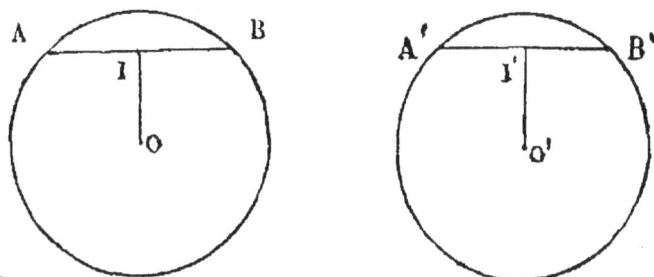

A; à cause de l'égalité des cordes AB et A'B', le point B' viendra sur le point B. Mais alors, la perpendiculaire O'I' abaissée de O' sur A'B' se confondra avec la perpendiculaire OI abaissée du point O sur AB.   c. q. f. d.

2° Soit, dans le cercle O, la corde AB plus grande que la corde CD; il faut démontrer que AB est plus rapproché du centre O que CD.

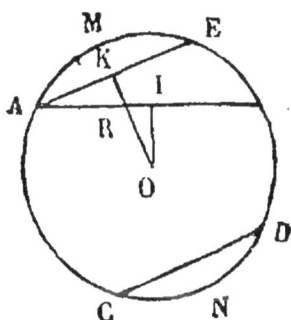

Pour cela, prenons sur l'arc AMB, à partir du point A, un arc AME égal à l'arc CND; la corde AE de cet arc sera égale à la corde CD.

D'après ce qui précède, la question est donc ramenée à démontrer que $OI < OK$.

Le milieu K de la corde A E et le centre O étant situés des deux côtés de la corde AB, la droite O K coupe A B en un point R. Or, O I perpendiculaire à A B est plus petit que l'oblique O R et *a fortiori* plus petit que O K.

C. Q. F. D.

COROLLAIRE.

Les **réciproques** des deux parties de ce théorème sont vraies.

Remarque. Il résulte **des** théorèmes précédents que, si dans un cercle un arc **augmente**, la corde augmente aussi, et que la longueur d'une corde **et** la distance du centre à cette corde sont deux grandeurs qui varient en sens inverse.

DOUZIÈME SÉANCE.

—

TROIS POINTS NON EN LIGNE DROITE DÉTERMINENT UNE CIRCONFÉ-
RENCE. — TANGENTE A LA CIRCONFÉRENCE. — LA TANGENTE EST
PERPENDICULAIRE A L'EXTRÉMITÉ DU RAYON. — POSITIONS RELA-
TIVES DE DEUX CIRCONFÉRENCES. — MESURE DES ANGLES. — DIVISION
DE LA CIRCONFÉRENCE EN 360°. — RAPPORTEUR. — DES ANGLES
CONSIDÉRÉS A L'ÉGARD DU CERCLE.

—

DÉFINITIONS.

Une droite est *tangente* à une circonférence lorsqu'elle
n'a qu'un point commun avec cette circonférence. Le
point est appelé *point de contact*.

THÉORÈME.

*Par trois points non en ligne droite, on peut faire passer
une circonférence.*

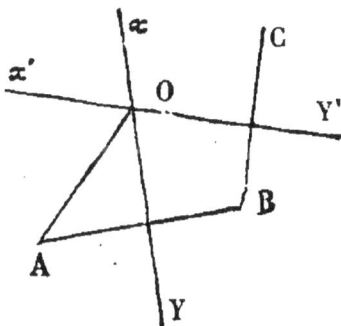

Soient A, B, C trois points non en ligne droite. Menons
les lignes A B et B C ; sur le milieu de A B, élevons une

perpendiculaire à cette droite ; opérons de même sur le milieu de BC.

Soit O le point de rencontre de ces deux perpendiculaires. Il est évident que ce point O étant situé sur xy est à égale distance des points A et B, et qu'étant situé sur $x'y'$, il est aussi à égale distance des points B et C. Il est donc également éloigné des poins A, B et C. De plus, c'est le seul point jouissant de cette propriété.

La circonférence décrite du point O comme centre avec le rayon OA passera donc par les trois points A, B, C, et ce sera la seule.

COROLLAIRE.

Deux circonférences ne peuvent avoir plus de deux points communs sans se confondre.

THÉORÈME.

La perpendiculaire menée à l'extrémité d'un rayon d'une circonférence est tangente à cette circonférence.

Soient OA un rayon et TT' une perpendiculaire à OA menée par l'extrémité A ; il faut démontrer que TT'

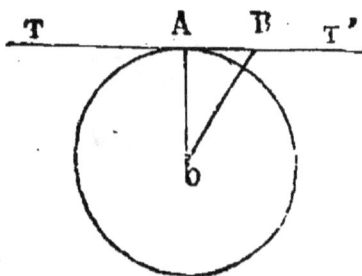

est tangente à la circonférence et par conséquent n'a que le seul point A de commun avec la circonférence.

Démontrons pour cela que tout autre point B de la ligne T T' est extérieur à la circonférence.

En effet, O B oblique à T T' est plus grand que O A ; donc le point B est extérieur à la circonférence ; donc T T' est tangente à la circonférence. C. Q. F. D.

RÉCIPROQUEMENT. Le rayon mené au point de contact de la tangente est perpendiculaire sur cette tangente.

Car tous les points de la tangente, à l'exception du point A, étant extérieurs à la circonférence, le rayon O A sera la ligne la plus courte qu'on puisse mener du point O à la tangente, et par conséquent sera perpendiculaire à cette tangente. C. Q. F. D.

COROLLAIRE.

Par un point pris sur une circonférence, on ne peut mener qu'une seule tangente à cette circonférence.

———

POSITIONS RELATIVES DE DEUX CIRCONFÉRENCES.

Deux circonférences ne peuvent occuper l'une par rapport à l'autre que cinq positions différentes ; elles peuvent être extérieures ou intérieures ; elles peuvent se toucher extérieurement ou intérieurement, ou enfin se couper.

THÉORÈME.

Si deux circonférences sont extérieures, la distance des centres est plus grande que la somme des rayons.

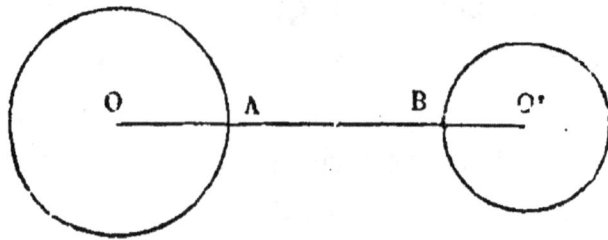

Car

$$00' = 0A + AB + BO' = R + AB + r,$$

ou

$$00' > R + r.$$ C. Q. F. D.

THÉORÈME.

Si deux circonférences sont intérieures, la distance des centres est plus petite que la différence des rayons.

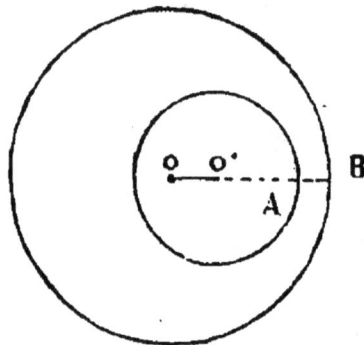

Car

$$00' = 0B - AB - 0'A = R - AB - r,$$

ou

$$00' < R - r.$$ C. Q. F. D.

THÉORÈME

Si deux circonférences se touchent extérieurement, la distance des centres est égale à la différence des rayons.

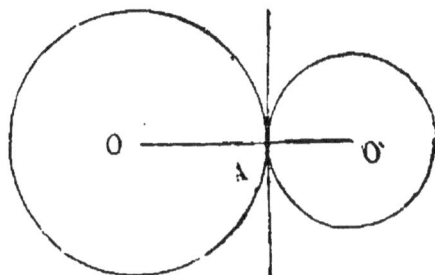

Car

$$OO' = OA + AO' = R + r.$$ C. Q. F. D.

REMARQUE. Dans ce cas, la perpendiculaire à la ligne des centres passant par le point A est tangente aux deux circonférences.

THÉORÈME.

Si deux circonférences se touchent intérieurement, la distance des centres est égale à la différence des rayons.

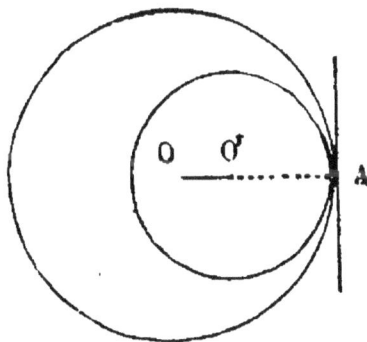

Car

$$OO' = OA - O'A = R - r.$$ C. Q. F. D.

REMARQUE. Dans ce cas, la perpendiculaire à la ligne des centres passant par le point A est tangente aux deux circonférences.

THÉORÈME.

Si deux circonférences se coupent, la distance des centres sera en même temps plus petite que la somme des rayons et plus grande que leur différence.

Soient deux circonférences O O' qui se coupent et M un des points communs. Le point M étant en dehors de la ligne des centres, les trois points O, O' et M sont les

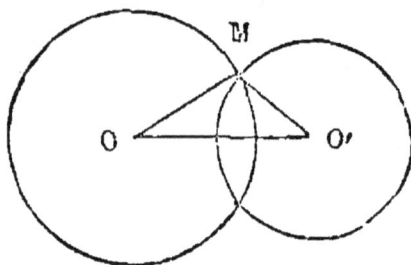

sommets d'un triangle dans lequel O O' est à la fois plus petit que la somme des deux autres côtés et plus grand que leur différence. C. Q. F. D.

REMARQUE. Lorsque deux circonférences se coupent, la

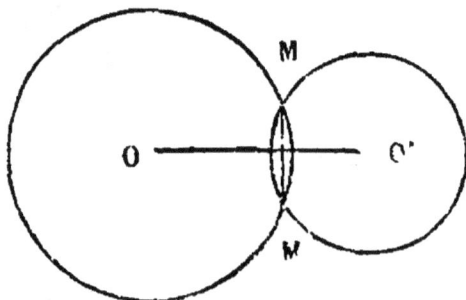

cerde commune est perpendiculaire à la ligne des centres et est partagée par elle en deux parties égales.

En effet, la droite O O' qui passe par deux points O O',
respectivement équidistante de M et M', est le lieu des
points équidistants de M et M'. Donc elle est perpendiculaire au milieu de M M'.   c. Q. F. D.

MESURE DES ANGLES.

Nous avons vu en arithmétique que mesurer une
grandeur c'était chercher combien elle contient d'unités
de son espèce. Mesurer un angle c'est donc chercher
combien de fois il contient l'unité de mesure des angles.

La théorie de la mesure des angles repose sur les
théorèmes suivants :

THÉORÈME.

*Dans le même cercle ou dans des cercles égaux, deux angles
au centre égaux interceptent des arcs égaux et réciproquement.*

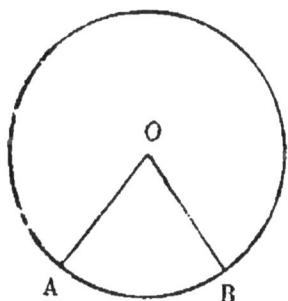

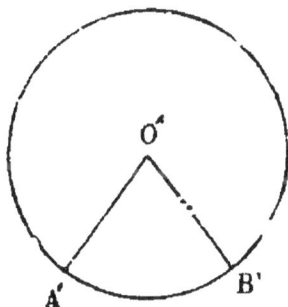

Soient deux cercles O, O' égaux et deux angles au
centre AOB, A'O'B' égaux. Démontrons que les arcs
AB, A'B' interceptés par ces angles sont égaux.

Pour cela, transportons le cercle O' sur le cercle O, de façon que le point A' tombe en A ; alors les deux cercles coïncideront et O'A' coïncidera avec OA ; de plus, à cause de l'égalité des angles O et O', O'B' viendra se placer sur OB et le point B' tombera sur le point B. Donc l'arc A'B' coïncidera avec l'arc AB.   C.Q.F.D.

RÉCIPROQUEMENT. Si nous supposons les arcs AB, A'B' égaux, les angles au centre qui les interceptent seront aussi égaux. Car en transportant le cercle O' sur le cercle O, de manière que le point A' tombe sur le point A, l'arc A'B' étant égal à l'arc AB, le point B' tombera sur le point B. Mais alors les trois points A, O, B coïncideront avec les trois points A', O', B' ; les deux angles AOB et A'O'B' seront égaux.   C. Q. F. D.

COROLLAIRE.

L'arc intercepté entre les côtés (égaux) d'un angle droit est égal au quart de la circonférence.

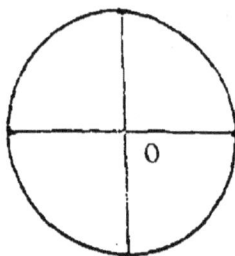

THÉORÈME.

Dans un même cercle ou dans des cercles égaux, le rapport de deux angles au centre est le même que celui des arcs interceptés entre leurs côtés.

Soient A O B, CO'D deux angles au centre de deux circonférences O,O' égales.

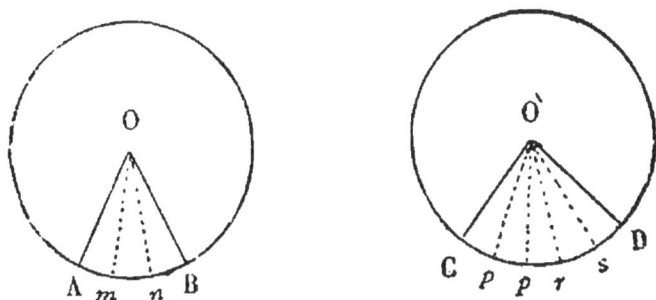

Supposons que les deux arcs A B, C D aient une commune mesure (ce qui est toujours vrai en supposant cette commune mesure infiniment petite) contenue par exemple : trois fois dans le premier et cinq fois dans le second. Nous avons alors :

$$\frac{AB}{CD} = \frac{3}{5}.$$

Cela posé, joignons les points de division de ces arcs aux centres des circonférences ; nous voyons que l'angle AOB sera divisé en trois angles égaux comme comprenant entre leurs côtés trois arcs égaux et que l'angle CO'D contiendra cinq de ces angles ; le rapport des angles pourra donc s'écrire :

$$\frac{AOB}{CO'D} = \frac{3}{5},$$

mais alors

$$\frac{AOB}{COD} = \frac{AB}{CD}$$

C. Q. F. D.

Ces théorèmes montrent qu'au rapport de deux angles au centre on peut substituer le rapport des arcs compris entre leurs côtés. Ainsi, au lieu de comparer directement un angle à l'angle égal droit, on pourra comparer l'arc compris entre ses côtés au quart de la circonférence; et c'est dans ce sens que l'on est convenu de dire d'une manière abrégée qu'un angle au centre a pour mesure l'arc compris entre ses côtés.

DIVISION DE LA CIRCONFÉRENCE EN 360°.

Pour effectuer commodément la mesure d'un arc et par suite la mesure d'un angle, on partage la circonférence en 360 parties égales que l'on nomme *degrés;* on subdivise le *degré* en 60 parties égales que l'on nomme *minutes*, et la *minute* en 60 parties égales que l'on nomme *secondes.*

Une demi-circonférence contient 180°.

Un quart de circonférence contient 90°.

Pour désigner un arc de 53 degrés, 13 minutes, 43 secondes, on écrit : 53° 13' 43".

L'angle au centre dont les côtés comprennent sur la circonférence un arc égal à 1° est appelé *angle d'un degré;* de même, un angle au centre dont les côtés comprennent un arc d'une minute, un arc d'une seconde, est appelé *angle d'une minute, angle d'une seconde.*

Un angle au centre dont les côtés comprennent un arc de 58° 35' 12" est un angle de 58° 35' 12".

Un angle droit vaut $\frac{360°}{4}$ ou 90°.

Deux angles complémentaires valent ensemble 90°.

Deux angles supplémentaires valent ensemble 180°.

La somme des trois angles d'un triangle vaut 180°.

Dans un triangle équilatéral, *chaque angle vaut* $\frac{180°}{3}$ ou 60°.

RAPPORTEUR.

Dans la pratique, on mesure les angles sur le papier avec une sorte de demi-cadran divisé et degrés et qu'on appelle *rapporteur*. Nous verrons dans la prochaine séance la description et le mode d'emploi de cet instrument.

DES ANGLES CONSIDÉRÉS A L'ÉGARD DU CERCLE.

THÉORÈME.

Tout angle inscrit dans un cercle a pour mesure la moitié de l'arc compris entre ses côtés.

1° Supposons le centre du cercle sur l'un des côtés de l'angle.

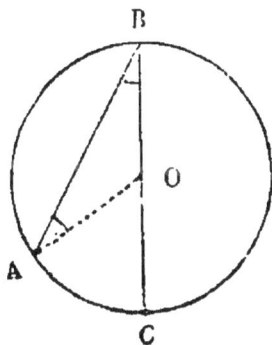

Menons le rayon O A dans le triangle A B O. Les deux côtés O B, O A sont égaux comme rayons du cercle ; les angles BAO, ABO opposés à ses côtés égaux sont aussi égaux. Or, l'angle extérieur AOC est égal à leur somme et il a pour mesure l'arc AC. Donc l'angle ABO, qui vaut la moitié de AOC, a pour mesure la moitié de l'arc AC.   C. Q. F. D.

2° Supposons le centre du cercle à l'intérieur de l'angle.

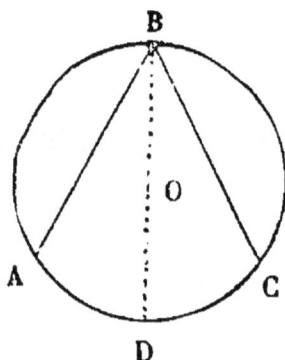

Menons le diamètre BD. L'angle ABD a pour mesure la moitié de l'arc AD; l'angle DBC a pour mesure la moitié de l'arc DC. Donc l'angle ABC, qui est égal à la somme des deux angles ABD et DBC, aura pour mesure la moitié de l'arc AD, plus la moitié de l'arc DC, ou la moitié de l'arc ADC.   C. Q. F. D.

3° Supposons le centre du cercle à l'extérieur de l'angle.

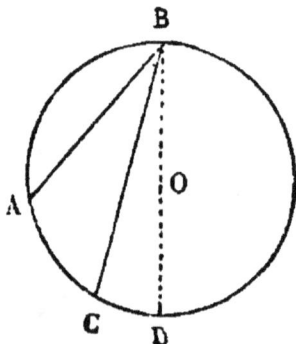

Menons le diamètre BD. L'angle ABC est égal à l'angle ABD, moins l'angle CBD. Or, l'angle ABD a pour mesure la moitié de l'arc AD; l'angle CBD a pour mesure la moitié de l'arc CD. Donc l'angle ABC aura pour mesure la moitié de l'arc AD, moins la moitié de l'arc CD, c'est-à-dire la moitié de l'arc AC.

C. Q. F. D.

COROLLAIRE I.

Tous les angles inscrits dans le même segment sont égaux, puisqu'ils ont chacun pour mesure la même quantité, la moitié de l'arc ARE.

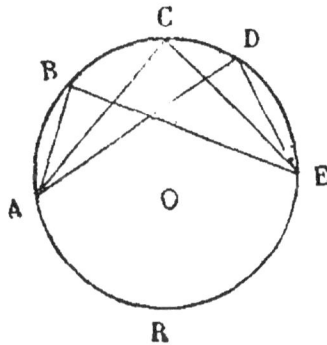

COROLLAIRE II.

Tout angle inscrit dans le demi-cercle est un angle

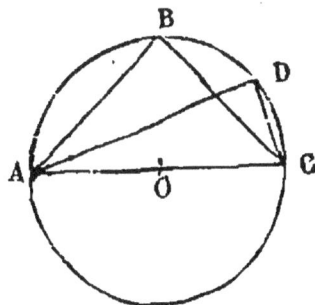

droit, puisqu'il a pour mesure la moitié de la demi-circonférence A R C ou le quart de la circonférence.

COROLLAIRE III!

Tout angle inscrit dans un segment plus grand qu'un demi-cercle est un angle aigu, car il a pour mesure un arc moindre qu'une demi-circonférence.

Tout angle inscrit dans un segment plus petit que le demi-cercle est un angle obtus, car il a pour mesure la moitié d'un arc plus grand qu'une demi-circonférence.

THÉORÈME.

L'angle formé par une tangente et une corde a pour mesure la moitié de l'arc compris entre ses côtés.

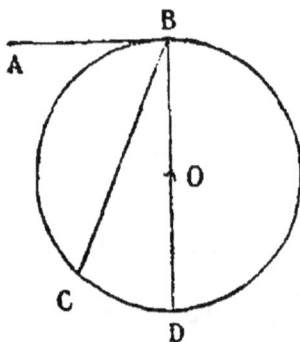

Menons le diamètre BD. Nous retombons alors dans le théorème précédent.

Angle A B C $=$ angle A B D — angle C B D. Mesure de l'angle A B C vaut mesure de l'angle A B D, ou arc $\frac{BCD}{2}$, moins mesure de l'angle C B D, ou arc $\frac{CD}{2}$, c'est-à-dire la moitié de l'arc B C.

C. Q. F. D.

THÉOREME.

Tout angle formé par deux sécantes qui se rencontrent à l'intérieur du cercle a pour mesure la moitié de l'arc compris entre ses côtés, plus la moitié de l'arc compris entre les prolongements des mêmes côtés.

Soit l'angle A B C.

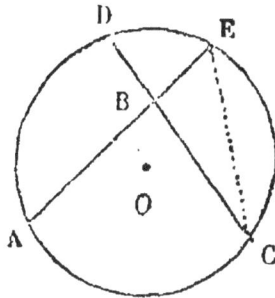

Menons la corde E C. L'angle A B C extérieur au triangle B E C est égal à la somme des angles E et C. Or, l'angle E a pour mesure la moitié de l'arc A C, et l'angle C a pour mesure la moitié de l'arc D E. Donc l'angle A B C a pour mesure la moitié des arcs A C et D E.

C. Q. F. D.

THÉORÈME.

L'angle formé par deux sécantes qui se rencontrent en dehors du cercle a pour mesure la moitié de la différence des arcs compris entre ses côtés.

Soit l'angle A B C.
Menons la corde C D.
L'angle B égale l'angle A D C, moins l'angle C.

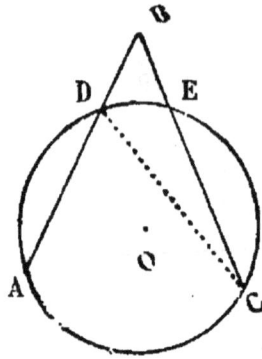

Donc l'angle B a pour mesure la moitié de l'arc A C, moins la moitié de l'arc D E.   C. Q. F. D.

REMARQUE. Dans un quadrilatère inscrit, les angles opposés sont supplémentaires.

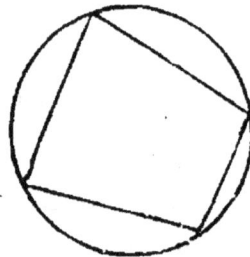

TREIZIÈME SÉANCE.

DESCRIPTION ET USAGE DE LA RÈGLE, DU COMPAS, DE L'ÉQUERRE ET DU RAPPORTEUR. — VÉRIFICATION DE CES INSTRUMENTS.

DE LA RÈGLE.

La *règle* est un instrument qui sert à tracer des lignes droites sur le papier. Il consiste en une planchette en bois longue et mince, dont un des bords doit être exactement *rectiligne,* c'est-à-dire être une ligne droite.

VÉRIFICATION. Avant de se servir d'une règle, il importe de s'assurer qu'elle est bonne, c'est-à-dire que le bord est bien une ligne droite. Pour cela, on trace une ligne MN en suivant avec un crayon bien fin le bord de la règle; on retourne ensuite la règle bout par

bout de manière que la même face soit toujours sur le papier et que la même arête soit appliquée en sens contraire sur MN; on tire de nouveau un trait bien fin le long de cette arête; si la règle est bonne, ces deux traits doivent coïncider exactement.

Usage. Pour mener une ligne droite par deux points A et B, on place la règle de manière que son bord passe exactement par ces deux points ; puis, avec un crayon bien fin ou avec un tire-ligne, on trace une ligne tout

'e long de ce bord. On opère de même dans les arts industriels sur le bois, sur la pierre ou sur une planche métallique ; on remplace alors le crayon par une pointe dure qui laisse un sillon rectiligne sur le bois, la pierre ou le métal.

Dans l'arpentage et le levé des plans, on n'a pas besoin de tracer effectivement une ligne droite sur le terrain : il suffit d'en marquer un certain nombre de points. On emploie pour cela des piquets en bois souvent peints en blanc et rouge et terminés par une plaque carrée également peinte en blanc et rouge ; ces piquets s'appellent des *jalons*, et la plaque qui les termine est le *voyant*.

Supposons qu'on veuille *jalonner* la droite qui passe par les deux points A et B, c'est-à-dire marquer par des jalons un certain nombre de points de cette droite ; on

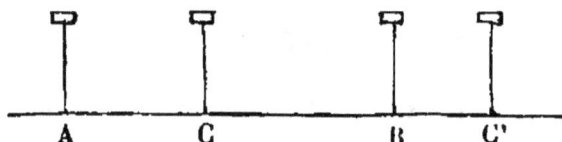

plantera d'abord deux jalons en A et B, en ayant soin qu'ils soient bien verticaux ; l'opérateur se placera en face du jalon A à une certaine distance et de manière que ce premier jalon lui cache exactement l'autre. Un aide, muni d'un troisième jalon, le porte à l'endroit où l'on veut marquer un troisième point de la droite, soit entre A et B en C, soit au delà de B en C'; puis, sur les indications de l'opérateur, il plante ce troisième jalon de manière qu'il soit caché exactement par le jalon A. Le point C, ainsi déterminé, appartient à la droite AB. On marquera autant de points qu'on voudra, en opérant de la même manière.

Une droite ainsi jalonnée s'appelle *un alignement.*

DU COMPAS

Le *compas* est un instrument qui se compose de deux branches métalliques terminées en pointe et réunies par un axe autour duquel elles tournent avec frottement. Le frottement doit être suffisant pour maintenir invariable l'écartement des branches quand on manie le compas; mais il doit néanmoins permettre d'ouvrir le compas sans secousse, de manière à faire varier progressivement la distance des deux pointes. Une vis placée en tête du compas permet de serrer plus ou moins fortement les deux branches l'une contre l'autre, et par là d'augmenter ou de diminuer le frottement à volonté.

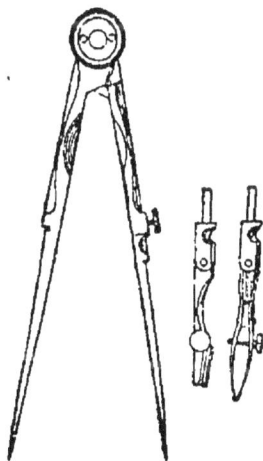

Le compas employé par les dessinateurs est connu sous le nom de *compas à pointe de rechange,* parce

qu'on peut remplacer l'une des pointes d'acier par un tire-ligne ou par un porte-crayon.

Usage. Le compas sert à tracer des circonférences. Pour cela, si l'on veut décrire une circonférence de rayon donné, on ouvre le compas de manière que la distance des deux pointes soit égale à ce rayon ; puis

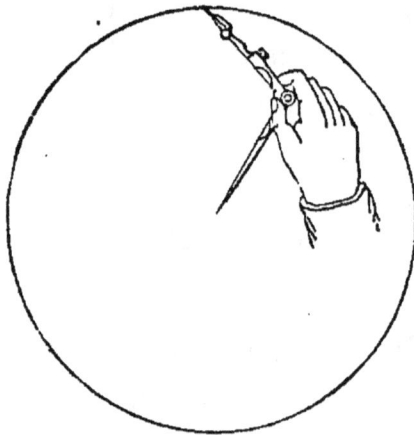

on place l'une des pointes au centre, et on fait tourner l'autre pointe autour de la première, en maintenant constante l'ouverture du compas ; la pointe mobile décrit évidemment la circonférence demandée.

Le compas a une infinité d'autres usages dans le dessin. Ainsi, supposons par exemple que l'on ait besoin

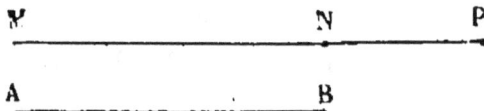

de porter sur une ligne MP, à partir du point M, une longueur égale à AB. Il est bien clair qu'on y arriverait en mesurant d'abord AB et en portant ensuite cette longueur sur la ligne M N avec le mètre, le double décimètre ou la chaîne. Mais on peut opérer plus simplement avec le compas ; pour cela, on ouvre le le compas de manière que les deux pointes coïncident avec les extrémités de A B, puis on porte l'une des pointes en M, l'autre marque sur la ligne M P un point N, dont la distance au point M est égale à A B.

DE L'ÉQUERRE.

L'équerre est une petite planchette terminée par trois côtés en ligne droite ; deux de ces côtés sont perpendiculaires l'un à l'autre ; le troisième, qui est le plus grand, est opposé à l'angle droit et se nomme *hypoténuse*.

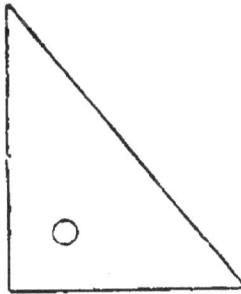

VÉRIFICATION. Pour vérifier une équerre, on trace une droite indéfinie RS, contre laquelle on fait affleurer une règle bien droite L M. On place ensuite sur cette règle un des côtés A B de l'angle droit de l'équerre, puis on trace une ligne suivant l'autre côté C B. On retourne ensuite l'équerre sens dessus dessous autour de C B, comme charnière, de manière à lui donner la nouvelle position A' B C', et l'on tire une ligne suivant C' B. Si les deux droites se superposent, les deux angles sont égaux, et par suite l'angle de l'équerre est droit. Dans le cas

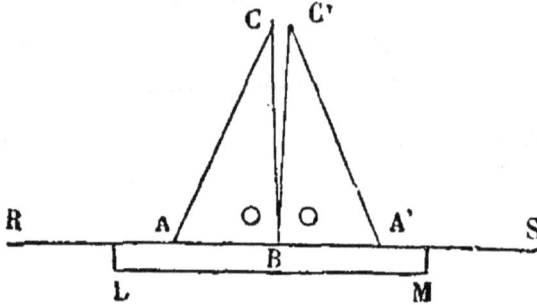

contraire, l'équerre doit être rejetée, car l'angle est aigu ou obtus suivant que C'B touche à droite ou à gauche de C B. Dans la figure ci-dessus, l'angle est aigu.

Usage. L'équerre sert à mener des perpendiculaires, des parallèles et par déduction des verticales et des horizontales.

DU RAPPORTEUR.

Le *rapporteur* est un demi-cercle, ordinairement en

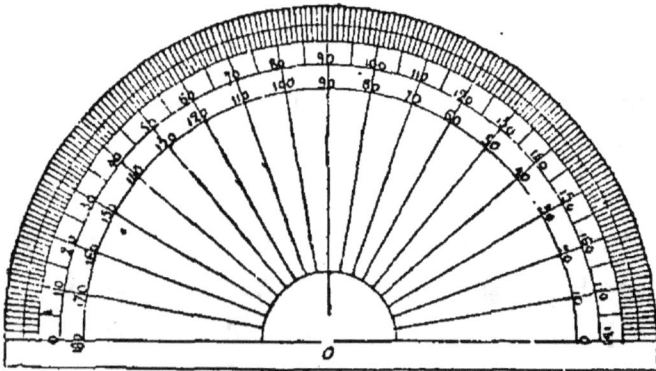

cuivre ou en corne, dont la demi-circonférence est divi-

sée en 180°. Les divisions sont marquées au burin et
numérotées de dix en dix dans les deux sens ; le centre
est marqué par un petit trou. Le diamètre de ce demi-
cercle se nomme *ligne de foi*.

USAGE. Pour mesurer avec le rapporteur un angle
A O B, on place le centre du rapporteur au sommet O de
cet angle ; on dirige le diamètre 0° — 180° sur le côté
O A, et on lit sur la circonférence le nombre de degrés et

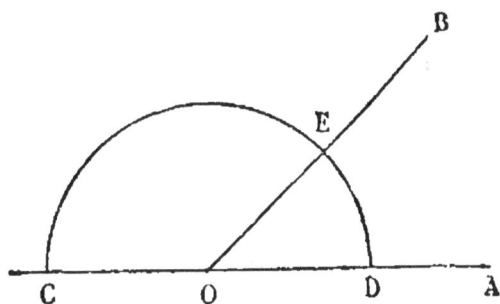

fractions de degré que contient l'arc D E compris entre
les côtés de l'angle A O B.

Pour faire avec le rapporteur un angle d'un nombre
donné de degrés, de 40° par exemple en un point d'une

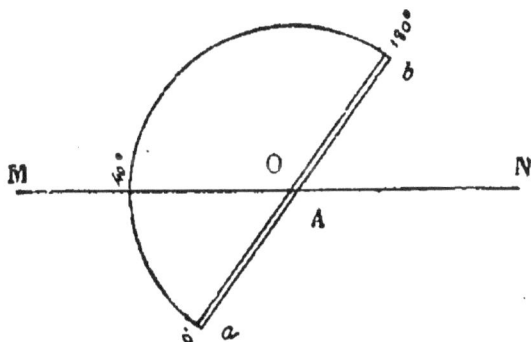

droite M N, on opère comme il suit : on place le rapporteur de façon que le centre et la division 40° soient sur

la droite MN, puis on fait glisser le rapporteur sur le
papier, en laissant toujours le centre et la division 40°
sur la droite MN jusqu'à ce que le bord *ab* du rapporteur passe par le point A, et, avec un crayon, on trace
une droite en se servant du bord *ab* comme d'une règle.
Cette droite parallèle au diamètre 0° — 180° du rapporteur fait avec la droite MN, au point A, un angle
de 40°.

VÉRIFICATION. Avant d'employer un rapporteur, il faut
le vérifier, c'est-à-dire s'assurer que les 180 divisions de
la circonférence sont égales entre elles. A cet effet, on
trace sur le papier un angle d'un certain nombre de degrés; on place le centre du rapporteur au sommet de
l'angle, et l'on fait tourner le rapporteur autour de ce
point. Si les divisions du rapporteur sont égales, il est
évident que le nombre des divisions comprises entre les
côtés de l'angle doit rester constant.

QUATORZIÈME SÉANCE.

Problèmes graphiques. — Partager une droite en deux parties égales. — Partager un angle en deux parties égales. — Par un point pris sur une droite, élever une perpendiculaire a cette droite. — Par un point pris hors d'une droite, abaisser une perpendiculaire sur cette droite. — Par un point donné, mener une parallèle a une droite. — Construire un angle égal a un angle donné.

PROBLÈME.

Partager une droite A B *en deux parties égales.*

Pour cela, des points A et B comme centre avec des

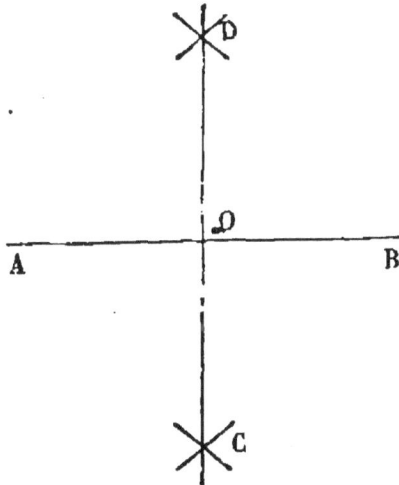

rayons plus grands que la moitié de A B, décrivons des arcs de cercle qui se coupent au-dessus de AB en D et au-dessous en C. Ces deux points D et C sont à égale distance des points A et B. Menons la ligne DC. Je dis que cette ligne coupera AB au point O en deux parties égales.

Pour le démontrer, il suffit de remarquer que les deux points D et C étant à égale distance des extrémités de la ligne AB se trouvent sur la perpendiculaire qui passe par le milieu de AB. Mais par deux points il ne peut passer qu'une seule ligne droite; donc DC sera cette perpendiculaire qui coupe AB en deux parties égales au point O.

PROBLÈME.

Partager un angle AOB *en deux parties égales.*

Pour cela, du point O comme centre et avec un rayon quelconque, décrivons l'arc AB. Puis des points A et B comme centres avec un rayon plus grand que la moitié de la corde AB, décrivons des arcs de cercle qui se couperont en D. Joignons DO; la droite DO ainsi obtenue est la droite demandée. En effet, les deux points O

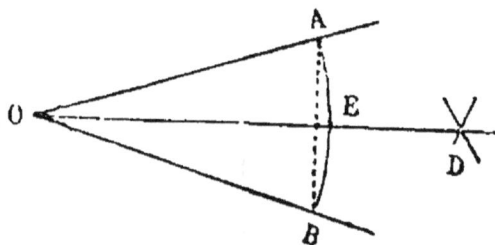

et D sont chacun également distants des extrémités A et B de la corde AB; donc OD est perpendiculaire sur le milieu de AB et divise l'arc AB en deux parties égales au point E et par suite l'angle AOB en deux parties égales.   C. Q. F. D.

REMARQUE I. La construction précédente donne le moyen de partager un arc AB en deux parties égales. Pour cela, des points A et B comme centres, on décrit des arcs de cercle se coupant en D, et, joignant ce point D au centre de l'arc, on obtient le milieu E de l'arc AB.

REMARQUE II. On peut, par la même construction, diviser chacun des deux angles AOD, DOB ou chacun des arcs correspondants en deux parties égales; ainsi, par des subdivisions successives, on divisera un angle ou un arc donné en quatre parties égales, en huit, en seize, etc.

PROBLÈME.

Par un point A *pris sur la droite* BC, *élever une perpendiculaire à cette droite.*

1° Pour cela, prenons sur BC deux points M, N à droite et à gauche du point A et à égale distance. De ces points M, N comme centres, avec des rayons plus

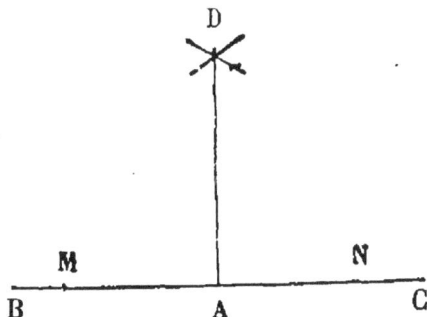

grands que MA, décrivons des arcs de cercle qui se couperont en D. La ligne DA sera la perpendiculaire demandée.

En effet, les points A et D étant également distants des points MN appartiennent à la perpendiculaire au milieu de cette droite.

2° Cette construction se fait très rapidement au moyen de l'équerre, dont on place le sommet de l'angle droit

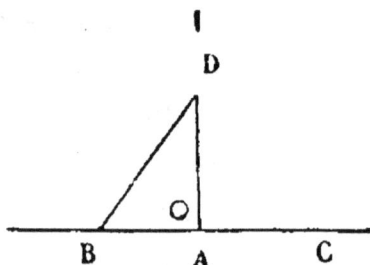

en A, l'un des bords le long de AB; alors l'autre bord donne la direction de la perpendiculaire cherchée.

PROBLÈME.

Par un point A pris hors d'une droite B C, abaisser une perpendiculaire sur cette droite.

1° Du point A comme centre, avec un rayon quelconque, mais assez grand, décrivons un arc de cercle qui coupera BC en deux points M, N. De ces points M, N comme centres, avec un rayon quelconque plus grand que la moitié de MN, décrivons des arcs de cercle qui se couperont en D. Menons AD; cette droite est la perpendiculaire demandée.

En effet, les points A et D étant équidistants des points MN appartiennent à la perpendiculaire élevée au milieu de MN.

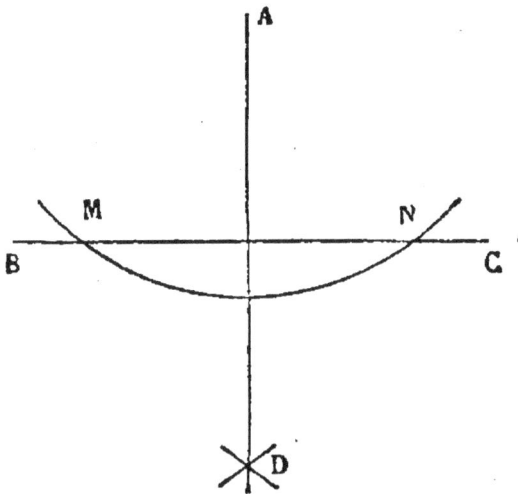

2° La solution de ce problème au moyen de l'équerre s'exécute de la manière suivante : on applique l'équerre sur le papier, de façon que l'un des côtés *ab* de l'angle

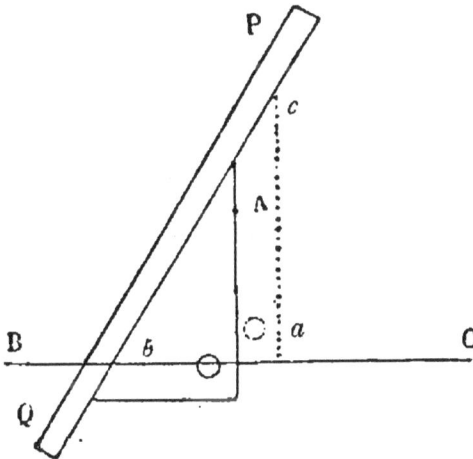

droit coïncide avec la droite BC, puis, appuyant la main sur l'équerre afin de l'empêcher de glisser, on applique contre l'hypoténuse de l'équerre le bord d'une règle PQ que l'on rend immobile à son tour. On fait glisser l'équerre sur le papier, l'hypoténuse appuyée contre la règle, jusqu'à ce que le second côté *ac* de l'angle droit passe par le point A. On trace alors une ligne droite en suivant le bord de l'équerre, et cette droite est la perpendiculaire demandée.

3° On peut encore opérer de la manière suivante :

On applique sur B C le bord d'une règle et contre cette règle le côté *ab* de l'angle droit d'une équerre. Faisant

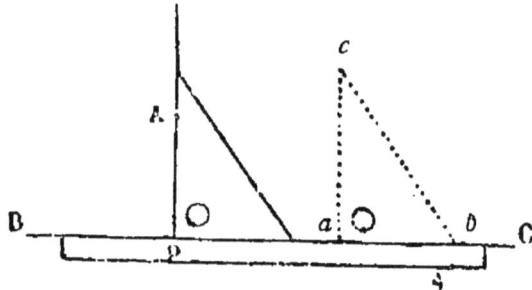

ensuite glisser l'équerre le long de la règle immobile, jusqu'à ce que l'autre côté *ac* passe par le point A, il suffit de tracer A P, qui sera la perpendiculaire cherchée.

PROBLÈME.

Par un point O, mener une parallèle A B.

1° Du point O abaissons O P perpendiculaire à A B ; puis par le point O élevons O X perpendiculaire à O P.

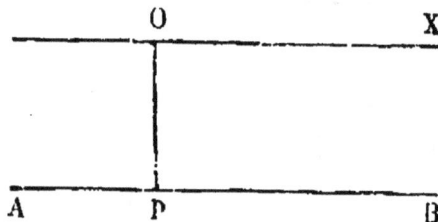

O X sera la parallèle demandée.

En effet, O X et A B étant perpendiculaires à O P sont parallèles.

2º D'un point B comme centre avec B O comme rayon, décrivons un arc de cercle qui coupera A B en A ; du point O comme centre avec le même rayon, décrivons un nouvel arc de cercle et portons sur cet arc de cercle à partir du point B une ouverture de compas B D

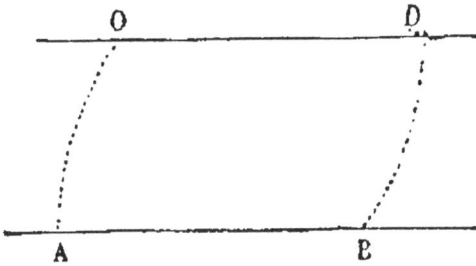

égale à A O. Menons O D ; cette droite est la parallèle demandée.

En effet, d'après les constructions effectuées, le quadrilatère A B D O a ses côtés opposés égaux; par conséquent, c'est un parallélogramme et O D est parallèle à A B.

3ᵉ Pour exécuter cette construction avec une équerre, appliquons sur A B l'un des bords de l'équerre *ab* et

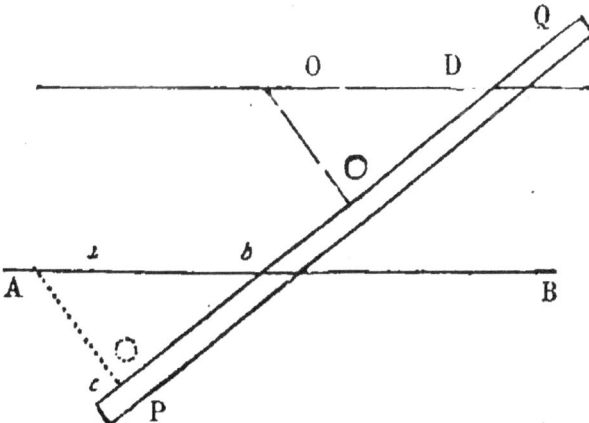

contre l'autre bord *bc* appliquons une règle PQ; pres-
sons avec la main la règle contre le papier pour la rendre immobile; faisons glisser l'équerre le long de la
règle jusqu'à ce que *ab* passe par le point O; tirons la
ligne OD; cette ligne sera la parallèle demandée.

PROBLÈME.

Mener par un point A *d'une droite* AB *une droite faisant avec*
AB *un angle égal à un angle donné* C.

Pour cela, du point C comme centre, avec un rayon
quelconque, décrivons un arc de cercle qui coupera en G
et H les côtés de l'angle C. Du point A comme centre,

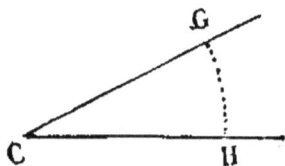

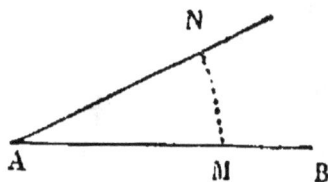

avec le même rayon, décrivons l'arc MN, puis, avec une
ouverture de compas égale à la corde GH, déterminons
la corde MN égale à GH. Alors joignons le point N au
point A; l'angle NAB ainsi obtenu sera égal à l'angle C.

En effet, ces deux angles auront comme mesure des
arcs égaux.

REMARQUE. Presque tous les problèmes que nous venons de traiter peuvent être résolus au moyen du rapporteur. Il suffirait en effet de construire dans la plu-
part des cas soit des angles droits, soit des angles égaux
à des angles donnés.

Supposons, par exemple, que l'on veuille résoudre le problème suivant :

PROBLÈME.

Par un point A, *mener avec le rapporteur une parallèle à une droite* B C.

Joignons le point A à un point quelconque D de B C par la ligne A D. Mesurons l'angle aigu A D C. Faisons ensuite sur A D l'angle D A E égal à l'angle A D C.

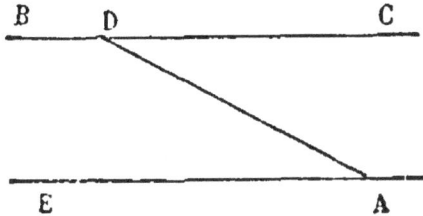

Il est évident que E A sera parallèle à BC, car ces deux lignes font avec la sécante A D des angles alternes-internes égaux.

QUINZIÈME SÉANCE.

CONSTRUIRE UN TRIANGLE, CONNAISSANT : 1° DEUX CÔTÉS ET L'AN-
GLE COMPRIS ; 2° UN CÔTÉ ET LES DEUX ANGLES ADJACENTS ;
3° LES TROIS CÔTÉS. — TROUVER LE CENTRE D'UNE CIRCONFÉ-
RENCE DONNÉE. — TANGENTES A LA CIRCONFÉRENCE.

PROBLÈME.

*Étant donnés deux côtés A et B d'un triangle et l'angle C
qu'ils forment, construire le triangle.*

Menons une droite indéfinie D E, faisons au point D
un angle F D E égal à l'angle C, prenons ensuite D F

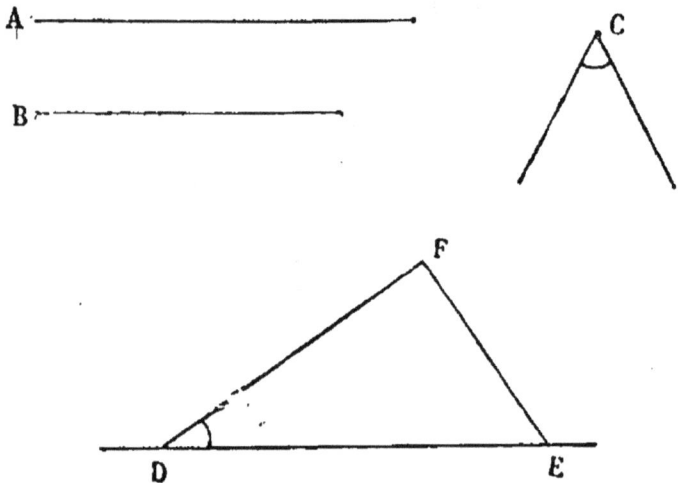

égal à la longueur B et D E égal à la longueur A, joignant F E, nous aurons le triangle demandé.

PROBLÈME.

Étant donnés un côté C *et les deux angles adjacents* A *et* B *d'un triangle, construire le triangle.*

Sur une ligne indéfinie, prenons une longueur EF égale au côté C ; au point E faisons un angle égal à l'angle A et au point F un angle égal à l'angle B. Les deux lignes EH et FH se couperont en H, et EFH sera le triangle demandé.

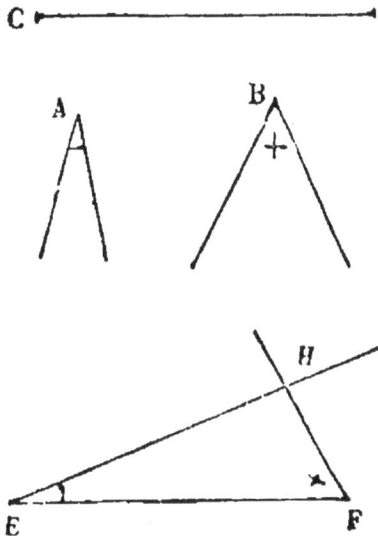

REMARQUE I. Pour que le problème soit possible, il faut que la somme des deux angles A et B soit plus petite que deux angles droits.

REMARQUE II. Le problème serait le même si, au lieu de se donner les deux angles adjacents A et B, on s'était donné deux angles quelconques, l'un adjacent, l'autre opposé. Dans ce cas, on chercherait le troisième et on retomberait dans le cas précédent.

Pour cela, sur une droite indéfinie M N, on ferait au point O un angle M O R égal à l'un des angles donnés,

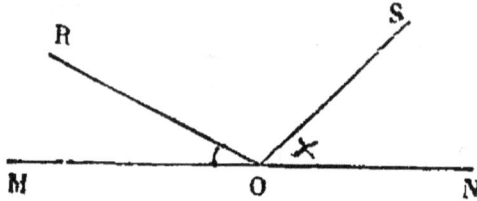

puis un angle N OS égal à l'autre. Alors le troisième angle cherché sera l'angle R O S.

PROBLÈME.

Les trois côtés A, B, C *d'un triangle étant donnés, construire le triangle.*

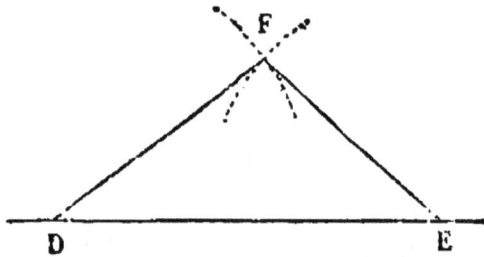

Sur une ligne indéfinie, prenons une longueur D E égale au côté A. Du point D comme centre, avec un rayon égal au côté B, décrivons un arc de cercle ; de même, du point E comme centre, avec un rayon égal au côté C, joignons le point de rencontre F de ces deux arcs de cercle aux points D et E, et nous aurons D E F le triangle demandé.

REMARQUE. Pour que le problème soit possible, il faut que les arcs décrits des points D et E comme centres, avec les rayons B et C, se coupent. Donc la distance de leurs centres, c'est-à-dire la ligne droite A, doit être moindre que la somme des deux rayons B, C, et plus grande que leur différence.

PROBLÈME.

Deux côtés a, b *d'un triangle et l'angle* A *opposé au côté* a *étant donnés, construire le triangle.*

Faisons un angle CAE égal à l'angle A, portons sur l'un de ses côtés, à partir du sommet, une longueur AC égale au côté *b* non opposé à l'angle donné. Du point C

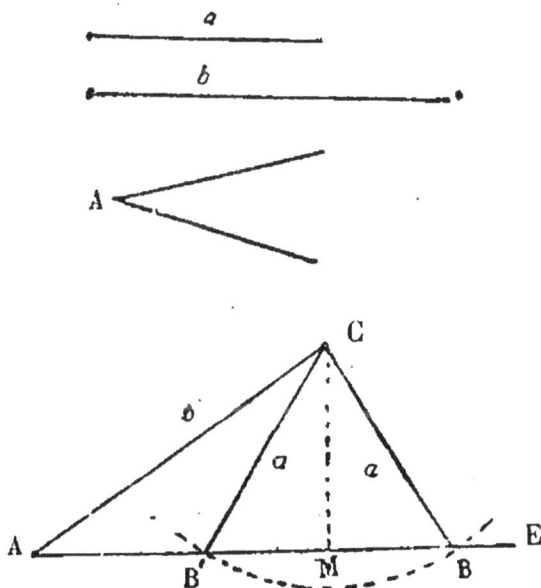

comme centre, avec un rayon égal au côté opposé à l'angle donné, décrivons ur arc de cercle. Ce cercle, par sa rencontre avec le second côté de l'angle, détermine le troisième sommet du triangle.

DISCUSSION DU PROBLÈME.

Dans le cas considéré, si le rayon a est plus petit que la perpendiculaire C M, le problème n'a pas de solution. Si le rayon a est égal à cette perpendiculaire, le problème a une solution; enfin si a est plus grand, le problème a deux solutions.

Enfin le nombre des solutions variera suivant que l'angle A sera aigu, droit ou obtus.

PROBLÈME.

Trouver le centre d'une circonférence donnée.

Prenons trois points A, B, C sur cette circonférence. Menons A B et B C.

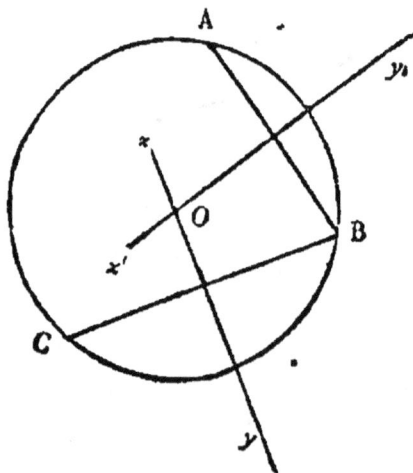

Le centre devant se trouver à la fois sur la perpendiculaire $x y$ passant par le milieu de BC et sur la per-

pendiculaire $x'y'$ passant par le milieu de AB se trou-
vera au point de rencontre O de ces perpendiculaires.

REMARQUE. Cette construction donne le moyen de faire
passer une circonférence par trois points donnés non en
ligne droite. Il suffit pour cela de joindre ces trois points
A, B, C deux à deux, d'élever par les milieux des

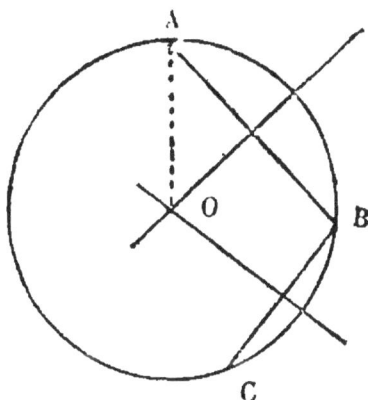

lignes AB, BC des perpendiculaires à ces lignes, et du
point de rencontre O de ces perpendiculaires comme
centre, et avec le rayon OA, de décrire une circonférence. Cette circonférence passera certainement par
les points A, B, C.

PROBLÈME.

*Mener une tangente à une circonférence : 1° par un point de
la circonférence; 2° par un point extérieur; 3° parallèlement à
une droite donnée.*

1° Pour mener une tangente à une circonférence par

un point A de cette circonférence, il suffit d'élever au point A une perpendiculaire A T au rayon O A.

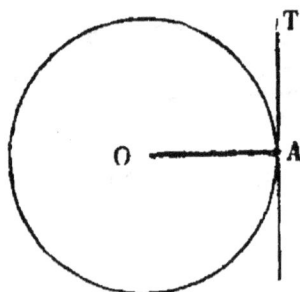

2° Si le point A est extérieur, sur O A comme diamètre décrivons une circonférence qui rencontrera la circonférence donnée aux points B et B'. Menons les droites A B, A B'; ces droites sont tangentes à la circonférence.

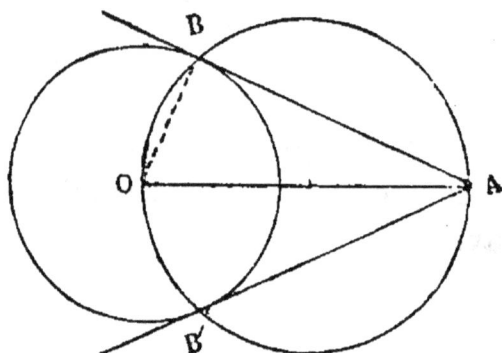

En effet, l'angle A B O inscrit dans une demi-circonférence est droit, et la droite A B perpendiculaire à l'extrémité du rayon O B est tangente à la circonférence. Il en est de même pour la droite A B'.

Dans ce cas, le problème a deux solutions.

3° Pour mener à la circonférence une tangente parallèle à une droite donnée MN, abaissons du centre O une perpendiculaire sur MN; soient A et A' les points où

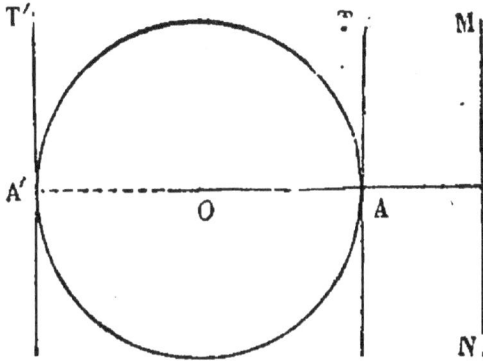

elle rencontre la circonférence. Menons en ces points les tangentes AT, A'T' à la circonférence; ces tangentes seront perpendiculaires à AA' et par suite parallèles à la droite MN. Le problème admet toujours deux solutions.

PROBLÈME.

Tracer une tangente commune à deux cercles donnés.

Pour résoudre ce problème, nous allons nous servir d'un procédé très souvent employé en géométrie et qui consiste à supposer le problème résolu. Cette solution admise, on étudie les conditions auxquelles satisfait la figure ainsi obtenue et on en déduit les moyens pratiques de résoudre le problème cherché.

Appliquons ce procédé à la construction d'une tangente commune à deux cercles.

Soient O, O' deux cercles auxquels il faut mener une tangente commune. Supposons le problème résolu et soit

AA' la tangente demandée. Menons les rayons OA,
O'A'; ils sont tous deux perpendiculaires à la tangente
commune AA'.

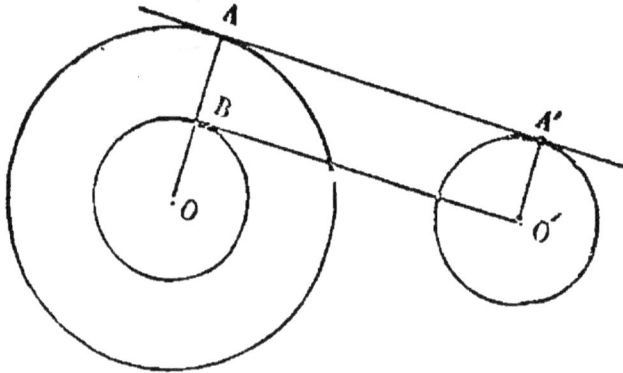

Menons O'B parallèle à A'A; la figure ABO'A' est
un rectangle, les côtés opposés AB, A'O' sont égaux, et
AB n'est autre chose que la différence des rayons de
deux cercles. De plus, si du point O comme centre, avec
un rayon égal à la différence des deux rayons, nous
décrivons une circonférence, cette circonférence sera
tangente à BO' au point B, puisque O'B est perpendiculaire à OB.

Ces observations nous indiquent le moyen de construire graphiquement la tangente AA'.

Pour cela, du point O comme centre, avec un rayon
égal à la différence des rayons, décrivons une circonférence. Du point O' menons O'B tangent à cette circonférence, menons le rayon OB prolongé jusqu'en A et le
rayon O'A' perpendiculaire à O'B.

La droite AA' sera la tangente demandée.

Remarque I. Le problème a deux solutions, car, du

point O', on peut mener deux tangentes à la circonférence O B, et, en exécutant pour la partie inférieure de
la figure ce qui vient d'être indiqué pour la partie supé-

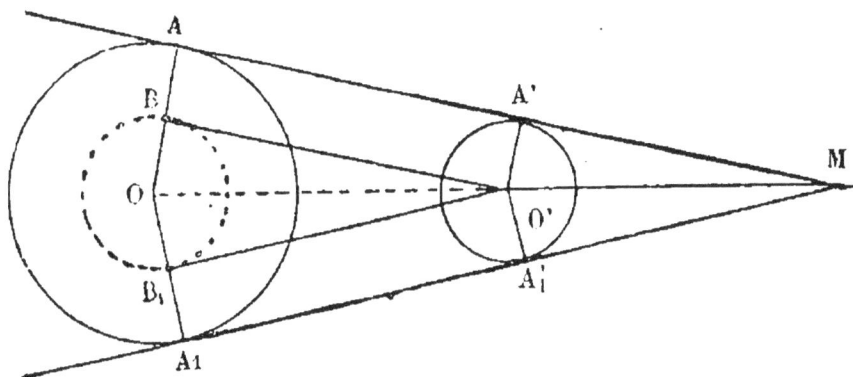

rieure, on obtient deux droites A A', $A_1 A'_1$ qui sont tangentes aux deux circonférences données. On les appelle
tangentes communes extérieures.

REMARQUE II. Les deux tangentes A A', $A_1 A'_1$ se coupent en un point M qui est situé sur la ligne des centres.

REMARQUE III. Quand les cercles sont extérieurs
comme ceux que nous venons de considérer, on peut
encore mener deux autres tangentes communes, telles
que les deux cercles soient situés de part et d'autre de
chacune de ces tangentes; on les nomme *tangentes
communes intérieures.* Ces tangentes A'A, $A_1 A'_1$ s'ob-
tiennent en prenant O B égal à la somme des rayons
des deux circonférences.

L'exactitude de cette construction se démontrerait par
un raisonnement analogue à la construction précédente.

Dans ce cas, le point de croisement des deux tangentes est toujours situé sur la ligne des centres.

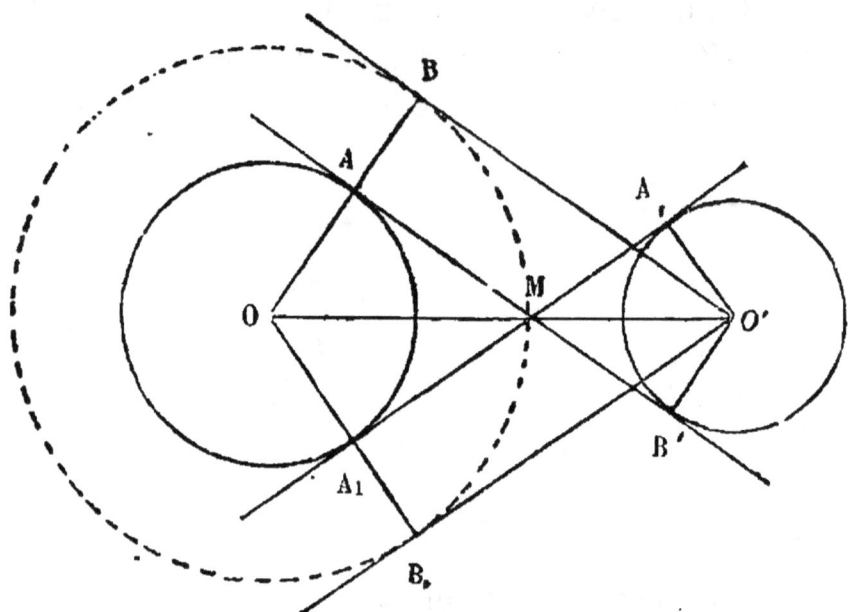

REMARQUE IV. Cette construction suppose le point O'
extérieur au cercle OB, c'est-à-dire la distance des centres des cercles donnés plus grande que la somme des
rayons; elle n'est donc applicable que lorsque les centres sont extérieurs.

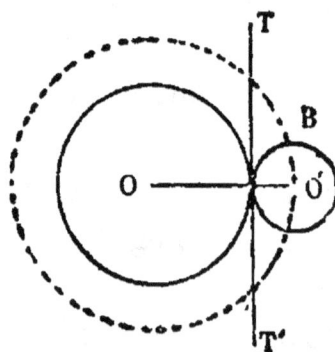

Si les cercles sont tangents extérieurement, le point
O'est sur la circonférence OB, et les deux tangentes in-

térieures se confondent en une seule TT' qui est perpendiculaire à la ligne des centres OO'.

Si les deux circonférences données se coupent, elles ne
peuvent avoir que deux tangentes communes extérieures.

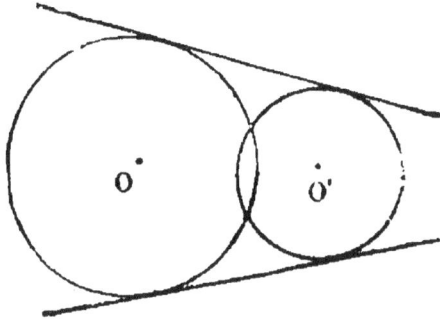

Si les deux circonférences sont tangentes intérieurement, elles n'ont qu'une tangente commune extérieure.

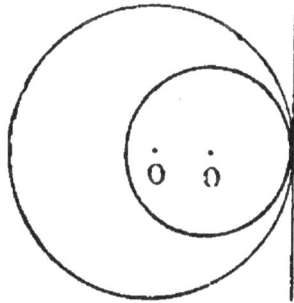

Si les deux circonférences sont intérieures, le problème
n'a pas de solution.

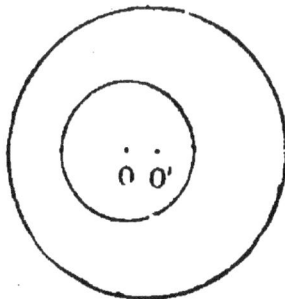

SEIZIÈME SÉANCE

LIGNES PROPORTIONNELLES. — DÉFINITIONS. — TOUTE PARALLÈLE A L'UN DES CÔTÉS D'UN TRIANGLE DIVISE LES DEUX AUTRES CÔTÉS EN PARTIES PROPORTIONNELLES. — PROPRIÉTÉS DE LA BISSECTRICE DE L'ANGLE INTÉRIEUR D'UN TRIANGLE. — PROBLÈMES. — PARTAGER UNE LIGNE EN PARTIES ÉGALES ET EN PARTIES PROPORTIONNELLES.

DÉFINITIONS.

On dit qu'une droite AB est divisée par un point C en deux *parties proportionnelles* à deux nombres ou à deux longueurs donnés, lorsque le rapport de AC à CB est égal au rapport des deux nombres ou des deux longueurs donnés.

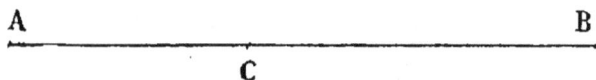

$$A \underline{\hspace{4cm}\underset{C}{\cdot}\hspace{4cm}} B$$

Pour fixer les idées, supposons que l'on veuille partager la ligne AB en parties proportionnelles à 5 et 7. Pour cela, il faudra trouver un point C tel que

$$\frac{AC}{CB} = \frac{5}{7}.$$

Pour cela, l'arithmétique nous enseigne qu'il faut partager AB en douze parties égales, que cinq de ces parties formeront AC et sept formeront CB.

Quatre lignes forment une proportion lorsque le rapport de la première à la seconde est le même que celui

de la troisième à la quatrième. Par exemple, soient les quatre lignes A, B, C, D, telles que l'on ait :

$$A = \text{la } \tfrac{1}{2} \text{ de B ou } \frac{A}{B} = \frac{1}{2},$$

$$C = \text{la } \tfrac{1}{2} \text{ de D ou } \frac{C}{D} = \frac{1}{2},$$

Les deux rapports étant égaux, on peut écrire :

$$\frac{A}{B} = \frac{C}{D}.$$

Une *moyenne proportionnelle* à deux lignes données A et B est une troisième ligne formant les deux moyens d'une proportion dont les lignes données forment les extrêmes.

Exemple :

$$\frac{A}{M} = \frac{M}{B}.$$

Une *troisième proportionnelle* à deux lignes données A et B est une troisième ligne formant le quatrième terme d'une proportion dont les deux lignes données forment, l'une le premier terme et l'autre les deux moyens.

Exemple :

$$\frac{A}{B} = \frac{B}{M}.$$

Une *quatrième proportionnelle* à trois lignes données A, B, C est une quatrième ligne formant le quatrième terme d'une proportion dont les lignes données forment les trois premiers termes.

Exemple :

$$\frac{A}{B} = \frac{C}{M}.$$

Diviser une droite en *moyenne et extrême raison*, c'est la diviser en deux parties telles que la plus grande soit moyenne proportionnelle entre la plus petite et la ligne entière.

Exemple :

$$\frac{AC}{CB} = \frac{CB}{AB}.$$

THÉORÈME.

Toute droite parallèle à l'un des côtés d'un triangle divise les deux autres côtés en parties proportionnelles.

Soit le triangle ABC. Menons DE parallèle à BC ; je dis que

$$\frac{AD}{DB} = \frac{AE}{EC}.$$

Pour le démontrer, supposons que AD et DB aient une commune mesure contenue trois fois dans AD et deux fois dans DB : il est évident que AD et DB auront une commune mesure quelque petite qu'elle soit. Alors le rapport $\dfrac{AD}{DB}$ sera égal à $\dfrac{3}{2}$; il faut démontrer que le rapport $\dfrac{AE}{EC}$ sera aussi égal à $\dfrac{3}{2}$.

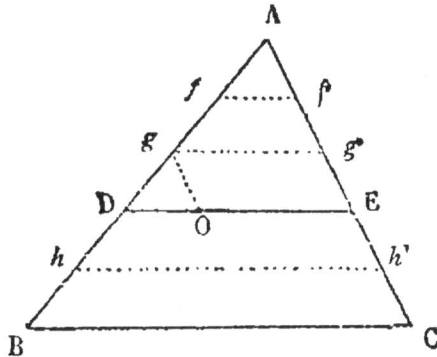

Partageons A D en trois parties égales et D B en deux. Par les points de division ainsi obtenus, menons des parallèles à BC; ces parallèles couperont le côté A C du triangle aux points f', g', h'. Je dis qu'elles divisent aussi le côté A C en cinq parties égales. En effet, menons g O parallèle à A C, les deux triangles A ff', D g O sont égaux comme ayant un côté égal compris entre deux angles égaux chacun à chacun (A f = g D, les angles A $f f'$ et g D O égaux comme correspondants, et les angles A $f' f$ et g O D égaux par la même raison). Donc leurs troisièmes côtés sont égaux et A f' = g O. Or, le quadrilatère g O E g' est un parallélogramme; donc le côté g O est égal au côté g'E qui lui est opposé, et les deux divisions A f', g'E de A C sont égales.

On démontrerait de même l'égalité de A f' et de toute autre division du côté A C; il en résulte que A f' est une commune mesure des deux lignes droites A E et E C, et qu'elle est contenue trois fois dans A E et deux fois dans E C. Donc

$$\frac{AE}{EC} = \frac{3}{2} \; ;$$

donc

$$\frac{AD}{DB} = \frac{AE}{EC}.$$

C. Q. F. D.

COROLLAIRE I.

Le rapport d'un côté à l'une de ses parties est égal au rapport de l'autre côté à sa partie qui correspond à la précédente.

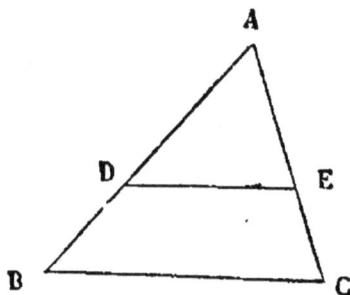

Ainsi

$$\frac{AB}{AD} = \frac{AC}{AE},$$

car chacun de ces rapports est égal à $\frac{5}{3}$.

COROLLAIRE II.

Plusieurs parallèles interceptent des parties proportionnelles sur deux droites qu'elles rencontrent.

Soient A B, C D deux droites rencontrées par des parallèles E F, G H, M N; il faut démontrer que les parties de

ces droites comprises entre ces parallèles sont proportionnelles, c'est-à-dire que

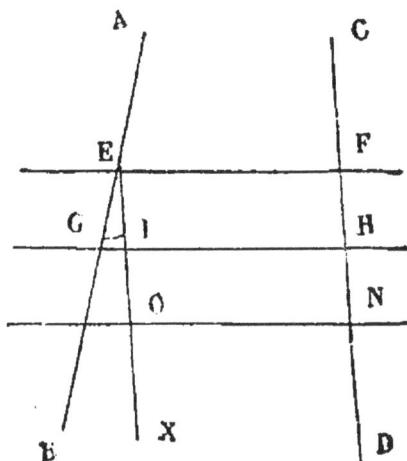

$$\frac{EG}{GM} = \frac{FH}{HN}.$$

Pour cela, menons EX parallèle à CD; d'après le
théorème précédent, nous avons

$$\frac{EG}{GM} = \frac{EI}{IO};$$

or,

$$EI = FH \text{ et } IO = HN;$$

donc :

$$\frac{EG}{GM} = \frac{FH}{HN}.$$

C. Q. F. D.

COROLLAIRE III.

Toute droite DE *qui partage les deux côtés* AB, AC *d'un
triangle* ABC *en parties proportionnelles est parallèle au troisième côté* BC.

Nous supposons que $\dfrac{AD}{DB} = \dfrac{AE}{EC}$. Pour démontrer que D E doit être parallèle à B C, il suffit de remarquer que la parallèle menée par le point D au côté B C diviserait A C en deux parties proportionnelles à A D et D B; donc

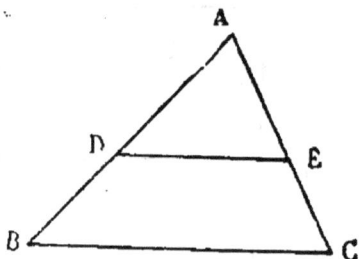

cette ligne passera par le point E et coïncidera avec D E, puisqu'il n'y a qu'une manière de diviser A C en deux segments proportionnels à A D et D B.   C. Q. F. D.

Remarque. Ce corollaire n'est que la réciproque du théorème précédent.

THÉORÈME.

La bissectrice de l'angle intérieur d'un triangle divise le côté opposé en parties proportionnelles aux côtés adjacents.

Soit A B C un triangle dans lequel nous menons la bissectrice A D de l'angle A. Il faut démontrer que

$$\frac{BD}{DC} = \frac{AB}{AC}.$$

Pour cela, menons B E parallèle à D A jusqu'à sa rencontre E avec C A prolongé.

Dans le triangle E B C, A D étant parallèle à E B, nous avons :

$$\frac{B D}{D C} = \frac{E A}{A C}.$$

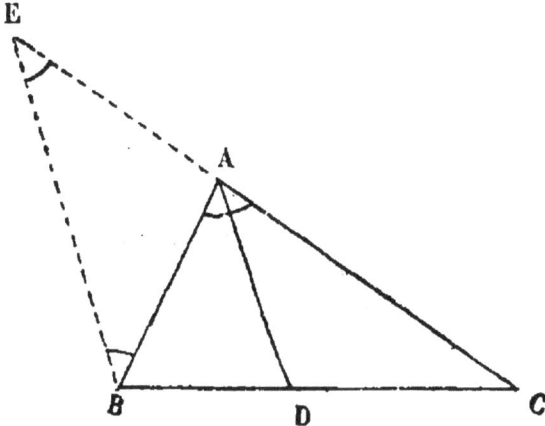

Or, le triangle E A B est isocèle. En effet, l'angle A E B = l'angle C A D moitié de C A B et l'angle E B A = l'angle D A B moitié de C A B ; donc E A = B A et l'égalité précédente peut s'écrire :

$$\frac{B D}{D C} = \frac{A B}{A C}.$$

C. Q. F. D.

APPLICATIONS.

PROBLÈME.

Diviser une droite en un certain nombre de parties égales.

Soit à diviser A B en sept parties égales, par exemple : Par le point A, menons une ligne quelconque A C sur laquelle nous portons, à partir du point A, sept longueurs égales, A*d*, *d e*....

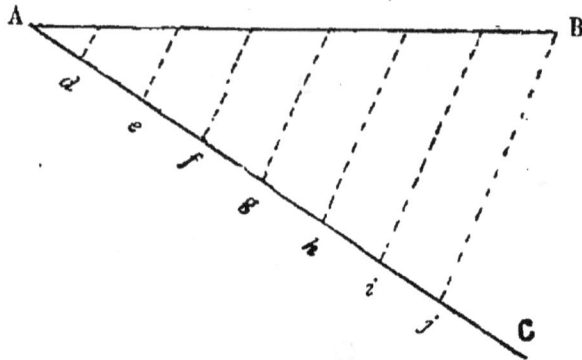

Joignons jB et, par les points de division de AC, menons des parallèles à jB. Ces parallèles partageront AB en sept parties égales.

PROBLÈME.

Diviser une droite en parties proportionnelles à des longueurs données.

Soit à diviser la droite A en parties proportionnelles aux longueurs M, N, P.

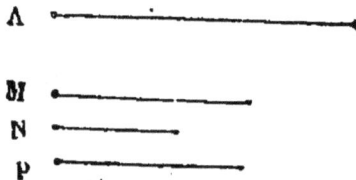

Pour cela, sur l'un des côtés d'un angle quelconque, prenons une longueur BC égale à A, puis, sur l'autre côté, portons, à partir du point B, des longueurs BD, DE, EF respectivement égales à M, N, P. Joignons CF, et, par les points D, E, menons des parallèles à CF;

ces parallèles couperont B C en parties proportionnelles aux longueurs données.

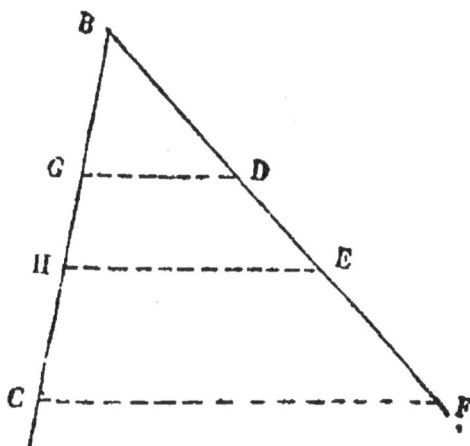

PROBLÈME.

Construire une quatrième proportionnelle à trois droites données M, N, P.

Prenons, sur un côté d'un angle quelconque, D E = M et D F = N ; puis, sur l'autre côté D G = P, joignons E G.

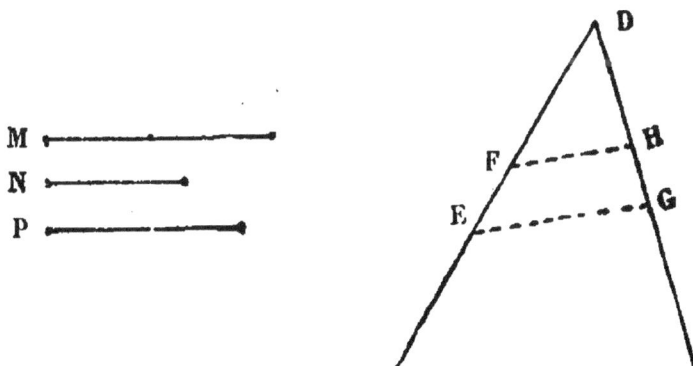

Menons F H parallèle à E G; D H est la quatrième pro-protionnelle cherchée, car

$$\frac{DE}{DF} = \frac{DG}{DH},$$

ou

$$\frac{M}{N} = \frac{P}{DH}.$$

C. Q. F. D.

DIX-SEPTIÈME SÉANCE.

Triangles semblables. — Cas de similitude. — Deux polygones semblables peuvent être décomposés en un même nombre de triangles semblables. — Propriété de la perpendiculaire abaissée du sommet de l'angle droit d'un triangle rectangle sur l'hypoténuse. — Applications. — Problèmes.

DÉFINITION.

Pour bien se rendre compte de la similitude des triangles, employons un mot plus simple et moins mathématique : *la ressemblance.* Il n'est personne qui ne puisse, en effet, se prononcer sur la ressemblance d'un portrait ou d'un dessin.

Or, si l'on cherche à se rendre compte des conditions que l'on a soin de remplir pour copier un dessin, on voit que, pour obtenir la ressemblance ou la *similitude*, il faut donner aux diverses lignes du dessin des dimensions proportionnelles à celles des lignes correspondantes du modèle ; que s'il s'agit, par exemple, de copier un homme, si l'on réduit la tête de moitié, il faudra réduire toutes les autres parties du corps de moitié. Quant aux angles, les angles correspondants devront être égaux, car, en prenant le même exemple, si le modèle, dans la nature, tient son bras dans une direction perpendiculaire à celle de son corps, le dessin devra représenter le bras et le corps dans des directions analogues.

De ces considérations résulte la définition suivante :

Deux polygones ou deux triangles sont *semblables* quand ils ont les angles égaux chacun à chacun et les côtés homologues proportionnels.

On dit que deux points, deux lignes ou deux angles sont homologues lorsqu'ils se correspondent dans deux figures semblables.

On appelle *rapport de similitude* de deux polygones le rapport constant de deux côtés homologues.

THÉORÈME.

Toute droite parallèle à l'un des côtés d'un triangle détermine un second triangle semblable au premier.

Soient le triangle ABC et DE parallèle à AC. Il faut démontrer que le triangle BDE est semblable au triangle ABC.

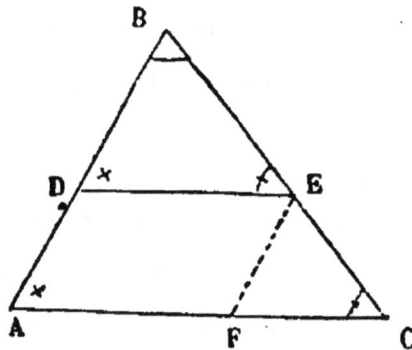

En effet, ces deux triangles ont leurs angles égaux chacun à chacun (B commun, BDE=A et BED=C comme correspondants); de plus, DE étant parallèle à AC, nous avons :

$$\frac{BD}{BA} = \frac{BE}{BC}.$$

Menons EF parallèle à BA, et nous aurons :

$$\frac{BE}{BC} = \frac{AF}{AC}.$$

Mais AF est égal à DE, alors nous pouvons écrire :

$$\frac{BD}{BA} = \frac{BE}{BC} = \frac{DE}{AC}.$$

Les deux triangles BAC, BDE, ayant leurs angles égaux chacun à chacun et leurs côtés homologues proportionnels, sont semblables.   C. Q. F. D.

THÉORÈME.

Deux triangles qui ont les angles égaux chacun à chacun ont les côtés homologues proportionnels et sont semblables.

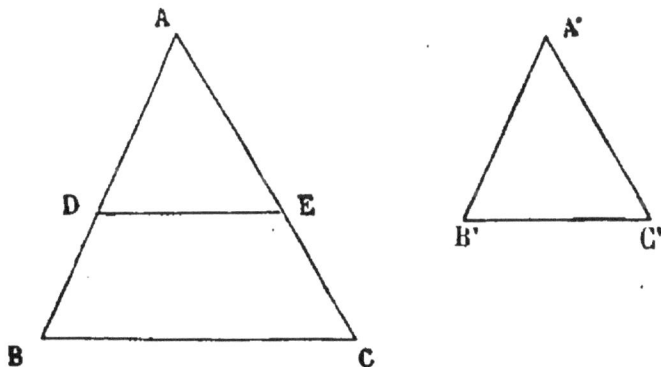

Soient deux triangles ABC, A'B'C', tels que l'angle A = l'angle A', l'angle B = l'angle B' et l'angle C = l'angle C'; il faut démontrer que les côtés homologues sont proportionnels, c'est-à-dire que :

$$\frac{AB}{A'B'} = \frac{BC}{B'C'} = \frac{CA}{C'A'}.$$

Pour cela, prenons sur AB une longueur AD égale à A'B'; par le point D menons DE parallèle à BC. D'après le théorème précédent, le triangle ADE est semblable au triangle ABC.

Or, si nous considérons les deux triangles ADE, A'B'C', il est facile de voir que ces deux triangles sont égaux comme ayant un côté égal adjacent à deux angles égaux chacun à chacun (AD=A'B' par construction, l'angle A = l'angle A' par hypothèse, et l'angle ADE = l'angle A'B'C' comme égaux chacun à l'angle ABC). Mais alors les deux triangles ABC, A'B'C' seront semblables, et l'on pourra écrire :

$$\frac{AB}{A'B'} = \frac{BC}{B'C'} = \frac{CA}{C'A'};$$

C. Q. F. D.

COROLLAIRE.

Pour que deux triangles soient semblables, il suffit qu'ils aient deux angles égaux chacun à chacun, car alors les troisièmes angles de ces triangles seraient forcément égaux, et les deux triangles seraient équiangles.

THÉORÈME.

Deux triangles qui ont leurs côtés homologues proportion-nels sont équiangles, et par conséquent sont semblables.

Soient A B C, A'B'C' deux triangles, tels que :

$$\frac{AB}{A'B'} = \frac{BC}{B'C'} = \frac{AC}{A'C'}.$$

Il faut démontrer que ces deux triangles ont les angles égaux, savoir :

$$A = A', \quad \mathbf{B} = B', \quad C = C'.$$

Pour cela, prenons sur A B une longueur $AD = A'B'$, et par le point D menons D E parallèle à BC.

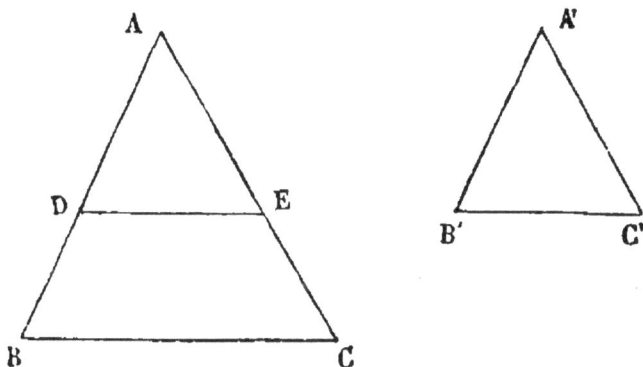

Nous obtenons ainsi deux triangles ABC, ADE qui sont semblables, et dont les côtés homologues sont proportionnels. Or, les côtés du triangle A'B'C' sont proportionnels par hypothèse aux côtés du triangle ABC; donc ils le sont aussi à ceux du triangle ADE, et l'on peut écrire :

$$\frac{A'B'}{AD} = \frac{B'C'}{DE} = \frac{A'C'}{AE}.$$

Mais par construction $A'B' = AD$, par conséquent $B'C' = DE$ et $A'C' = AE$. Alors les deux triangles ADE et A'B'C' sont égaux comme ayant leurs trois côtés égaux chacun à chacun, et le triangle A'B'C' a ses angles égaux chacun à chacun aux angles du triangle A B C, et par conséquent ces deux triangles sont semblables.

REMARQUE I. Il faut remarquer que les angles égaux des deux triangles sont opposés aux côtés proportionnels.

REMARQUE II. Les deux théorèmes précédents montrent que, dans les triangles, l'égalité des angles est une conséquence de la proportionnalité des côtés, et réciproquement, de sorte qu'une de ces conditions suffit pour assurer la similitude des triangles.

THÉORÈME.

Deux triangles qui ont un angle égal compris entre deux côtés proportionnels sont semblables

Soient A B C, A'B'C' deux triangles qui ont les angles A et A' égaux, et dont les côtés A B, A C sont proportionnels aux côtés A'B', A'C'. Démontrons que ces deux triangles sont semblables.

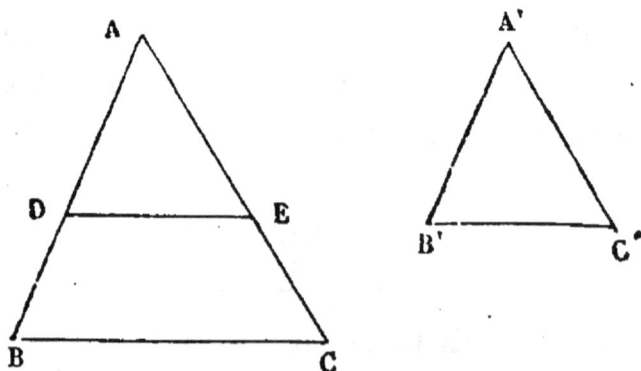

Pour cela, prenons sur A B une longueur A D égale à A'B', et menons DE parallèle à BC. Les triangles A D E,

ABC sont semblables, et leurs côtés homologues sont proportionnels. Or, par hypothèse, les côtés A'B', A'C' du triangle A'B'C' sont proportionnels aux côtés A B, A C du triangle A B C, donc ils sont aussi proportionnels aux côtés A D, A E du triangle A D E, c'est-à-dire qu'on a :

$$\frac{A'B'}{AD} = \frac{A'C'}{AE} ;$$

mais A'B' $=$ A D, donc A'C' $=$ A E, et les deux triangles A'B'C', A D E sont égaux comme ayant un angle égal compris entre deux côtés égaux chacun à chacun. Dès lors, le triangle A'B'C' est semblable au triangle A B C.

C. Q. F. D.

THÉORÈME.

Deux triangles qui ont leurs côtés parallèles ou perpendiculaires chacun à chacun sont semblables.

Pour démontrer ce théorème, il suffit de faire voir que ces deux triangles ont leurs angles égaux chacun à chacun.

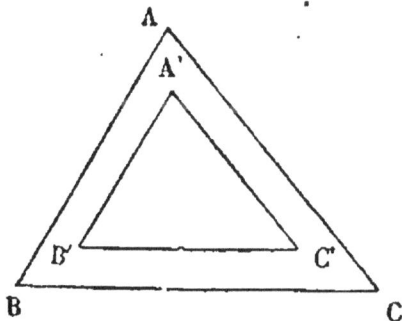

Supposons d'abord que les angles A et A', B et B', C et C' aient leurs côtés respectivement parallèles. On sait que ces angles sont deux à deux égaux ou supplémentaires.

Or, il est facile de voir qu'ils doivent être nécessairement égaux deux à deux.

D'abord, ils ne peuvent être en même temps supplémentaires ni dans les trois groupes, ni dans deux de ces groupes ; car, dans le premier cas, la somme des six angles de ces triangles ferait six angles droits, tandis que l'on sait qu'elle équivaut toujours à quatre angles droits ; dans le second cas, la somme de quatre des six angles des triangles vaudrait quatre droits, et serait ainsi égale à la somme des six angles, ce qui est impossible. Donc les angles seront égaux au moins dans deux des trois groupes ; mais alors ils seront nécessairement égaux dans le troisième groupe. Donc les triangles ont les angles égaux chacun à chacun et sont semblables.   C. Q. F. D.

On démontrerait de même la similitude de deux triangles dont les côtés sont respectivement perpendiculaires.

THÉORÈME.

Deux polygones semblables peuvent être décomposés en un même nombre de triangles semblables chacun à chacun et semblablement placés.

Soient deux polygones semblables ABCDE, A'B'C'D'E'. Des sommets homologues A et A' menons toutes les diagonales possibles : AC, AD, A'C', A'D'.

Il est évident que ces diagonales décomposent les polygones en un même nombre de triangles semblable-

ment placés. Il reste à démontrer que ces triangles
sont semblables deux à deux.

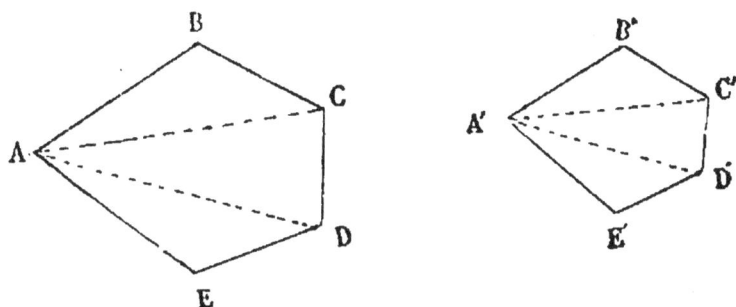

Pour cela, prenons deux triangles correspondauts
A B C, A'B'C'. Il est facile de voir qu'ils sont semblables
comme ayant un angle égal compris entre deux côtés
homologues proportionnels :

$$\left(B = B' \text{ et } \frac{AB}{A'B'} = \frac{BC}{B'C'} \right).$$

Un raisonnement analogue s'appliquerait à tous les
autres groupes de deux triangles des polygones.

COROLLAIRE.

*Le rapport de similitude de deux polygones semblables est
égal au rapport des diagonales qui unissent des sommets respectivement homologues.*

THÉORÈME.

*Si, du sommet de l'angle droit d'un triangle rectangle, on
abaisse une perpendiculaire sur l'hypoténuse :*

*1° Cette perpendiculaire partage le triangle en deux autres
qui lui sont semblables;*

2° *Chaque côté de l'angle droit est moyenne proportionnelle entre l'hypoténuse et le segment adjacent à ce côté ;*

3° *La perpendiculaire est moyenne proportionnelle entre les deux segments de l'hypoténuse.*

Soit A B C un triangle rectangle en A. Du sommet A de l'angle droit, abaissons A D perpendiculaire sur B C. Il faut démontrer que :

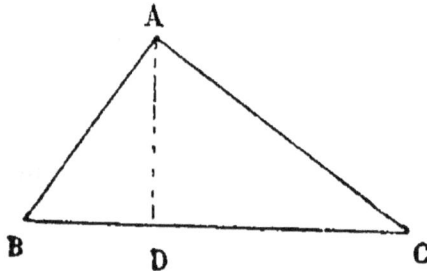

1° Les deux triangles A B D, A D C sont semblables.

Pour cela, considérons les deux triangles A D C et A B D ; ils sont semblables comme ayant leurs trois angles égaux (l'angle B commun, l'angle droit A D B est égal à l'angle droit B A C ; ce qui suffit). On voit de la même manière que le triangle A C D est semblable au triangle A B C.

Alors les deux triangles A C D, A B D, tous deux semblables à A B C, sont semblables entre eux.   C. Q. F. D.

2° Démontrons maintenant que chaque côté de l'angle droit est moyenne proportionnelle entre l'hypoténuse et le sommet adjacent à ce côté ; que, par exemple :

$$\frac{BC}{AB} = \frac{AB}{BD}.$$

Pour cela, nous savons que les deux triangles A B C et

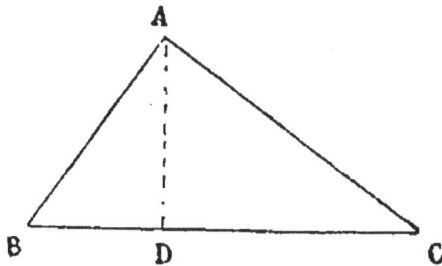

ABD sont semblables ; en comparant les côtés homologues de ces triangles, nous avons :

$$\frac{BC}{AB} = \frac{AB}{BD}.$$

C. Q. F. D.

3° Enfin, il reste à démontrer que la perpendiculaire est moyenne proportionnelle entre les deux segments de l'hypoténuse, c'est-à-dire que :

$$\frac{BD}{AD} = \frac{AD}{DC}.$$

Pour cela, remarquons que les deux triangles ABD, ACD étant semblables, leurs côtés homologues sont proportionnels, et l'on peut écrire :

$$\frac{BD}{AD} = \frac{AD}{DC}.$$

C. Q. F. D.

COROLLAIRE.

Si l'on décrit une circonférence sur l'hypoténuse BC d'un triangle rectangle ABC, comme diamètre, cette courbe passe par le sommet A de l'angle droit BAC. On peut donc dire :

1° *Toute corde* AB *est moyenne proportionnelle entre le*

diamètre B C *qui passe par l'une de ses extrémités et sa projection* B D *sur ce diamètre.*

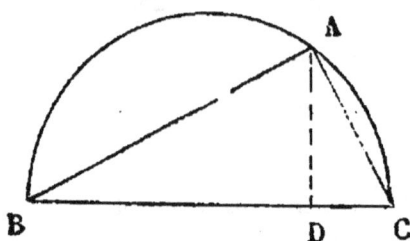

2° *La perpendiculaire* A D, *abaissée d'un point quelconque* A *d'une circonférence sur un diamètre* B C, *est moyenne proportionnelle entre les deux segments* B D, C D *du diamètre.*

THÉORÈME.

Le carré du nombre qui mesure l'hypoténuse d'un triangle rectangle est égal à la somme des carrés des nombres qui mesurent les deux autres côtés.

Soit A B C un triangle rectangle en A, il faut démontrer que :

$$\overline{BC}^2 = \overline{AB}^2 + \overline{AC}^2$$

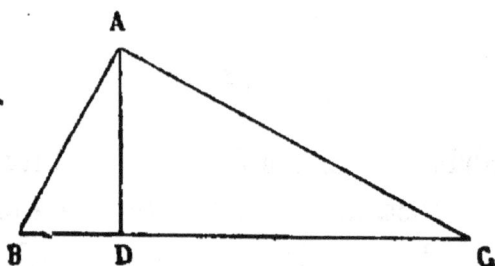

Pour cela, abaissons A D perpendiculaire sur l'hypoténuse. Nous savons, d'après le théorème précédent, que chaque côté de l'angle droit est moyenne proportionnelle entre l'hypoténuse et le segment qui lui est adjacent ; ce qui donne :

$$\frac{BC}{AB} = \frac{AB}{BD},$$

ou

$$\overline{AB}^2 = BC \times BD.$$

De même

$$\frac{BC}{AC} = \frac{AC}{DC}$$

ou

$$\overline{AC}^2 = BC \times DC.$$

Ajoutons membre à membre ces deux égalités, nous aurons :

$$\overline{AB}^2 + \overline{AC}^2 = (BC \times BD) + (BC \times DC)$$
$$= BC \times (BD + DC)$$
$$= \overline{BC}^2,$$

ou

$$\overline{BC}^2 = \overline{AB}^2 + \overline{AC}^2. \qquad \text{C. Q. F. D.}$$

REMARQUE. Ce théorème sert à calculer l'un des côtés d'un triangle rectangle dont les deux autres sont donnés.

Exemple : soient, dans le triangle rectangle ABC, le côté AB égal à 3^m et le côté AC égal à 4^m ; on a :

$$\overline{BC}^2 = \overline{3}^2 + \overline{4}^2 = 25,$$

d'où

$$BC = 5^m.$$

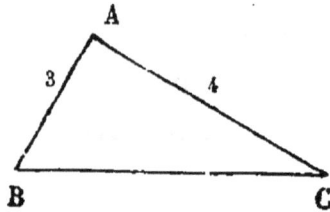

PROBLÈME.

Construire la moyenne proportionnelle entre deux lignes données A *et* B.

Pour cela, prenons, sur une droite indéfinie, les longueurs CD, DE respectivement égales aux lignes données A et B ; décrivons ensuite une demi-circonférence

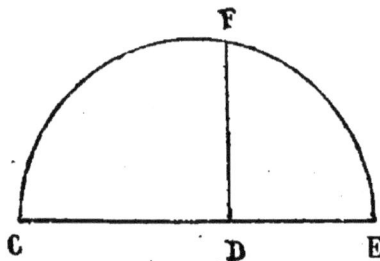

sur CE comme diamètre ; par le point D, élevons DF perpendiculaire sur CE.

Cette perpendiculaire est la ligne demandée, car elle est moyenne proportionnelle entre les deux segments CD, DE du diamètre C E.

PROBLÈME.

Construire sur une droite donnée un triangle ou un polygone semblable à un triangle ou à un polygone donné.

1° Pour construire sur A'B' un triangle semblable au triangle A B C, il suffit de faire en A' et B' des angles

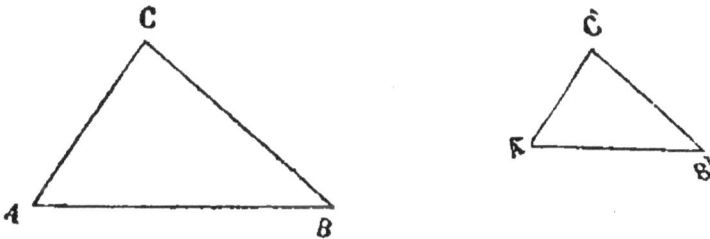

égaux à A et à B, et l'on obtient en A'B'C' un triangle semblable au triangle A B C.

2° Pour faire sur A'B' un polygone semblable au poly-

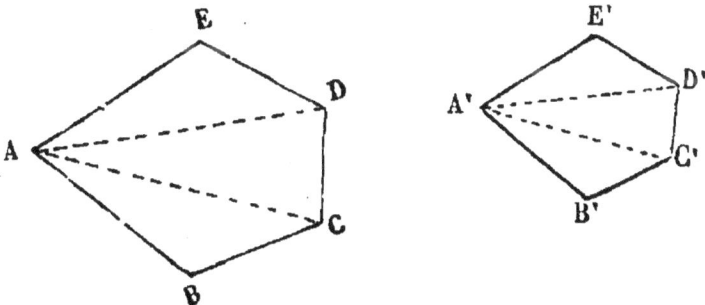

gone A B C D E, menons dans le polygone donné toutes

les diagonales possibles; le problème revient alors à faire sur A'B' un triangle semblable au triangle ABC, puis sur A'C' un triangle A'C'D' semblable au triangle ACD..... En continuant de la sorte, on obtient en A'B'C'D'E' le polygone cherché.

DIX-HUITIÈME SÉANCE.

FIGURES ÉQUIVALENTES. — MESURE DES SURFACES. — SURFACE DU RECTANGLE, DU PARALLÉLOGRAMME, DU TRIANGLE, DU TRAPÈZE, DU LOSANGE, D'UN POLYGONE QUELCONQUE.

DÉFINITION.

On appelle *figures équivalentes* des figures qui ont la même surface sans avoir la même forme.

Pour bien se rendre compte de cette définition, consi-dérons un carré de papier représentant une surface de 1 mètre carré, et coupons-le en trois morceaux ; puis

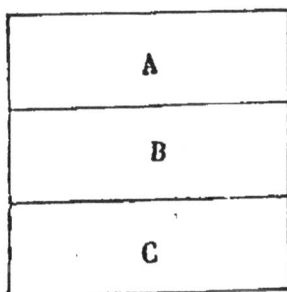

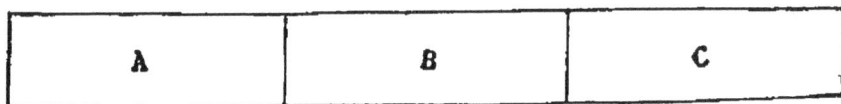

replaçons ces morceaux A, B, C à la suite l'un de l'au-tre, nous obtiendrons ainsi une nouvelle figure dont la

surface sera exactement la même que celle du carré de
papier. Ces deux figures seront équivalentes.

Cette définition de l'équivalence est la base de la mesure des surfaces.

MESURE DES SURFACES.

Mesurer ou évaluer une surface, c'est déterminer
combien de fois elle contient une autre surface prise
pour unité de mesure.

Si, par exemple, l'unité de mesure était le petit carré
M, la surface du rectangle A B C D serait exprimée par
un nombre qui indiquerait combien de fois ce rectangle
contient le petit carré ou l'unité.

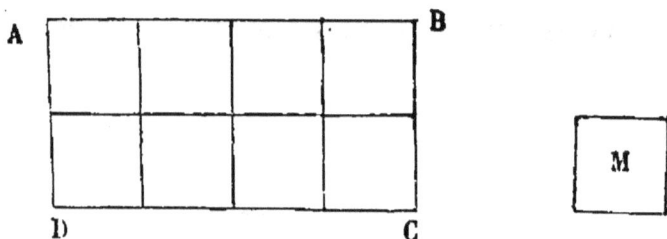

NOTA. De même qu'on a pris pour unité de mesure
de longueur le mètre, on prend pour unité de surface
le mètre carré.

SURFACE DU RECTANGLE.

THÉORÈME.

*La surface d'un rectangle est égale au produit de sa base par
sa hauteur.*

Soit A B C D un rectangle ayant, par exemple, 4 mètres de longueur sur 3 mètres de largeur. Divisons la
longueur AB en quatre parties égales qui sont des
mètres, et la largeur A D en trois parties égales qui

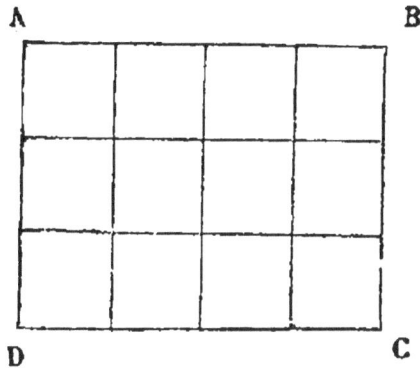

A   B

D   C

sont des mètres. Par les points de division de chaque
dimension, traçons des parallèles à l'autre dimension,
nous effectuons ainsi un quadrillage dont chaque partie
est un mètre carré. Il y a 3 rangées de 4 mètres carrés,
ou

$$4 \times 3 = 12 \text{ mètres carrés.} \qquad \text{C. Q. F. D.}$$

REMARQUE. Nous avons supposé dans l'exemple précédent que les deux côtés du rectangle contenaient exactement l'unité de mesure de longueur.

Supposons maintenant un rectangle dont les dimensions seraient l'une 5^m,30 et l'autre 4^m,27 ; dans ce
cas, opérons le quadrillage en centimètres, et nous
trouverons qu'il contient :

530 $\times$ 427 = 226,310 centimètres carrés de surface.

Mais le centimètre carré étant 10,000 fois plus petit
que le mètre carré, qui en contient 100 rangées de 100.

il faudra diviser par 10,000 la surface trouvée pour savoir combien il y a de mètres carrés dans le rectangle.

Nous trouvons 22ᴹᵠ,6310 centimètres carrés, nombre qui est bien le produit de 5,30×4,27.

Le théorème précédent est donc exact, et l'on peut toujours dire que la surface d'un rectangle est égale au produit de sa base par sa hauteur.

COROLLAIRE.

Deux rectangles qui ont même base sont entre eux comme leurs hauteurs.

SURFACE DU PARALLÉLOGRAMME.

THÉORÈME.

La surface d'un parallélogramme est égale au produit de sa base par sa hauteur.

Soit ABCD un parallélogramme. Par les points C et D, élevons des perpendiculaires sur DC jusqu'à leur rencontre avec AB en E et F.

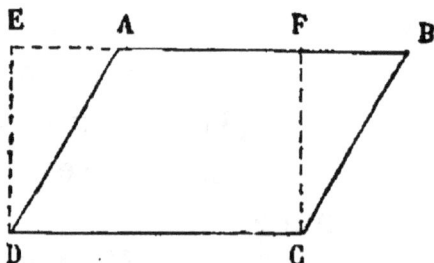

Il est facile de voir que les deux triangles AED, BFC sont égaux ; mais alors le parallélogramme ABCD est équivalent en superficie au rectangle EFCD; il a donc même mesure que lui, c'est-à-dire DC×CF ou le produit de la base par la hauteur. C. Q. F. D.

COROLLAIRE I.

Deux parallélogrammes qui ont même base et même hauteur sont équivalents.

COROLLAIRE II.

Deux parallélogrammes qui ont même base sont entre eux comme leurs hauteurs.

SURFACE DU TRIANGLE.

THÉORÈME.

La surface d'un triangle est égale à la moitié du produit de sa base par sa hauteur.

Soit ABC un triangle; menons par le point B une parallèle à AC et par le point C une parallèle à AB. Nous

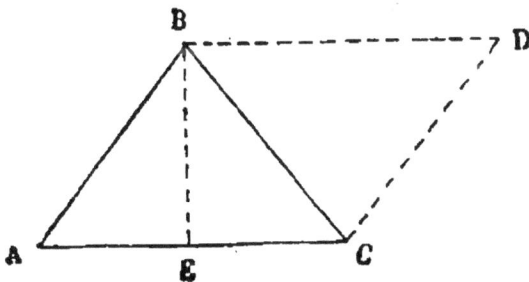

obtenons ainsi le parallélogramme ABDC, qui est formé de deux triangles ABC, BCD égaux. Or, la surface de ce parallélogramme est égale à $AC \times BE$; donc la surface du triangle ABC, qui est la moitié, est égale à $\frac{AC \times BE}{2}$, c'est-à-dire à la moitié du produit de la base par la hauteur. C. Q. F. D.

COROLLAIRE I.

Deux triangles qui ont même base et même hauteur sont équivalents.

COROLLAIRE II.

Deux triangles qui ont même base sont entre eux comme leurs hauteurs.

Deux triangles qui ont même hauteur sont entre eux comme leurs bases.

SURFACE DU TRAPÈZE.

THÉORÈME.

La surface d'un trapèze est égale au produit de la demi-somme des bases par la hauteur.

On appelle *trapèze* un quadrilatère dont deux côtés sont parallèles. Ces côtés sont appelés les *bases* du trapèze; la distance de ces côtés est la hauteur.

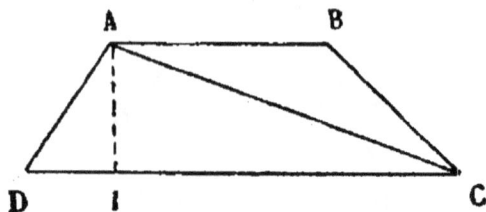

Soit $ABCD$ un trapèze dont les bases sont les côtés

parallèles AB, DC, et dont la hauteur est la distance AI des deux bases.

Menons la diagonale AC, elle décomposera le trapèze en deux triangles dont la surface totale sera exactement celle du trapèze. Or, la surface du triangle ADC est :

$$\frac{1}{2}DC \times AI;$$

celle du triangle ABC est :

$$\frac{1}{2}AB \times AI;$$

leur somme, ou la surface du trapèze, sera :

$$\frac{1}{2}(DC + AB) \times AI,$$

c'est-à-dire le produit de la demi-somme des bases par la hauteur.   C. Q. F. D.

REMARQUE. La demi-somme des bases d'un trapèze est égale à la ligne MN, qui joint les milieux des côtés non parallèles.

On peut donc dire aussi que la surface d'un trapèze est égale au produit de sa hauteur par la ligne qui joint les milieux de ses côtés non parallèles.

SURFACE DU LOSANGE.

THÉORÈME.

La surface d'un losange est égale à la moitié du produit de ses deux diagonales.

Soit le losange ABCD. Par les sommets menons des parallèles aux diagonales, nous formons un rectangle MNPQ évidemment double en surface du losange.

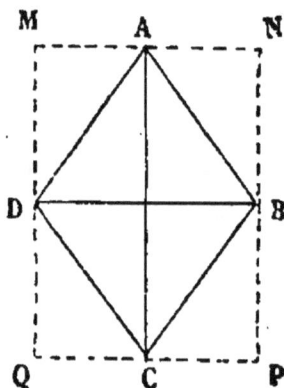

Or, la surface du rectangle est égale à

$$MQ \times QP = AC \times DB;$$

donc, celle du losange, qui en est la moitié, sera égale à

$$\frac{AC \times DB}{2}.$$

C. Q. F. D.

REMARQUE. On peut encore dire que l'on obtient la surface d'un losange en multipliant l'une de ses diagonales par la moitié de l'autre.

SURFACE DES POLYGONES.

***

PROBLÈME.

Mesurer la surface d'un polygone.

Pour mesurer la surface d'un polygone ABCDE, on le décompose en triangles, on évalue les surfaces de ces triangles et l'on en fait la somme.

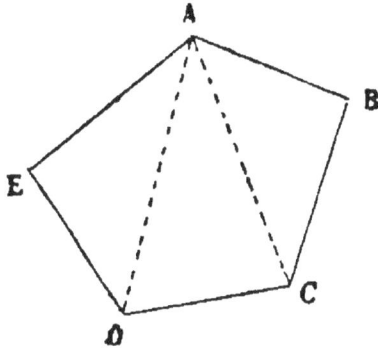

Lorsqu'il s'agit d'évaluer la surface d'un polygone tracé sur le terrain, il est plus avantageux d'opérer autrement :

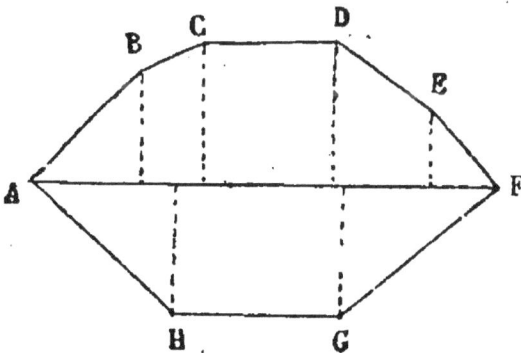

on mène la plus grande diagonale AF du polygone, et

de tous les sommets on abaisse des perpendiculaires sur cette diagonale; on décompose ainsi le polygone en triangles rectangles et en trapèzes dont on évalue les surfaces. Puis faisant la somme de toutes ces surfaces, on a la surface du polygone.

DIX-NEUVIÈME SÉANCE.

POLYGONES RÉGULIERS INSCRITS ET CIRCONSCRITS. — MESURE DE LA CIRCONFÉRENCE, DE LA SURFACE DU CERCLE *(donner la formule sans démonstration)*. — APPLICATIONS NUMÉRIQUES.

DÉFINITIONS.

On appelle *polygone régulier* tout polygone convexe ou concave qui a ses côtés égaux et ses angles égaux.

Un polygone est *inscrit* dans un cercle lorsque tous ses sommets sont sur la circonférence de ce cercle.

Un polygone est *circonscrit* à un cercle lorsque tous ses côtés sont tangents à la circonférence de ce cercle.

Dans le premier cas, on dit que le cercle est *circonscrit* au polygone, et dans le second, qu'il est *inscrit* dans le polygone.

Mesure de la circonférence.

Pour arriver à la mesure de la circonférence, nous allons supposer une circonférence quelconque divisée en un certain nombre de parties égales, six par exemple. Par les points de division ainsi obtenus, menons des rayons, nous obtenons ainsi un polygone régulier inscrit dans le cercle, polygone dont le périmètre sera évidemment inférieur à celui de la circonférence. Si maintenant par les points de division nous menons des tangentes, elles détermineront un polygone régulier circonscrit dont le périmètre sera supérieur à celui de la circonférence.

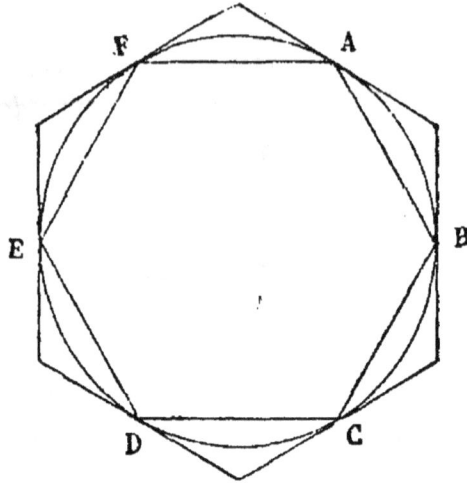

Nous voyons donc que la circonférence est plus grande que le périmètre de tout polygone inscrit et plus petite que celui de tout polygone circonscrit. Il est facile de voir en outre que si, au lieu de partager la circonférence en six parties égales, on la partageait en une infinité de parties égales, les nouveaux polygones inscrits et circonscrits ainsi obtenus tendraient à se rapprocher du périmètre de la circonférence.

C'est ce que l'on exprime en disant que la circonférence et le cercle sont les limites vers lesquelles tendent le périmètre et la surface d'un polygone régulier inscrit ou circonscrit dont le nombre des côtés augmente indéfiniment.

THÉORÈME.

Les circonférences sont entre elles comme leurs rayons ou leurs diamètres.

Car les circonférences, d'après ce qui précède, peuvent être considérées comme des polygones réguliers d'un nombre indéfini de côtés, ayant pour périmètre la circonférence, et pour lignes homologues les rayons et les diamètres.

REMARQUE. — Il résulte de là que, pour tracer une circonférence qui soit le double, le triple d'une circonférence donnée, il faut employer un rayon double, triple.

THÉORÈME.

Le rapport entre la circonférence et son diamètre est une quantité constante.

En effet, désignons par C et c deux circonférences, et par D et d leurs diamètres, nous avons, d'après le théo·rème précédent :

$$\frac{C}{c} = \frac{D}{d}.$$

Changeons dans cette égalité les moyens de place, nous aurons :

$$\frac{C}{D} = \frac{c}{d}.$$

ou le rapport de la première circonférence à son diamètre est égal au rapport de la deuxième circonférence à son diamètre.

Ce rapport, qui est le même pour toutes les circonférences, se désigne ordinairement par la lettre grecque π (prononcez *pi*), en sorte que nous avons :

$$\frac{c}{D} = \pi.$$

REMARQUE. — Les savants ont démontré que le rapport π ne peut pas s'exprimer exactement ; leurs travaux ne se sont donc portés que sur la valeur approchée de ce nombre. Le rapport donné par Archimède est $\frac{22}{7}$; celui d'Adrien Métius est $\frac{355}{113}$; enfin des procédés géométriques ont permis de développer ce rapport en une fraction décimale composée de 154 chiffres, approximation bien supérieure aux besoins les plus étendus ; ce rapport est :

$$\pi = 3,14159265358\ldots\ldots$$

THÉORÈME.

On obtient la longueur d'une circonférence dont on connaît le rayon en multipliant son diamètre par le rapport π.

Ceci résulte de la formule $\frac{C}{D} = \pi$;
de cette formule on tire :

$$C \text{ ou circonf. } R = D \times \pi,$$
$$\text{ou circonf. } R = 2R \times \pi,$$

formule que l'on écrit toujours :

$$\text{circonf. } R = 2\,\pi\,R.$$

SURFACE DU CERCLE.

THÉORÈME.

La surface d'un polygone régulier convexe est égale au produit de son périmètre par la moitié de son apothème.

Soit ABCDEF un polygone régulier convexe. Nous

savous que pour avoir la surface de ce polygone, il suffit de le décomposer en triangles et d'additionner la surface de tous ces triangles.

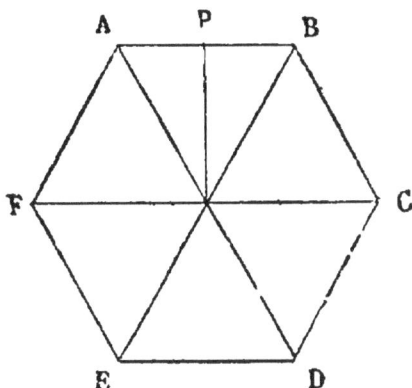

Or, si nous joignons le centre O à chacun des sommets du polygone, il est facile de voir que nous le décomposerons en triangles égaux. Or, la surface de l'un d'eux ABO est égale à

$$\tfrac{1}{2} AB \times OP;$$

la surface totale sera donc :

$$6 \left(\tfrac{1}{2} AB \times OP \right),$$

ou

$$(AB + BC + CD + DE + EF + FA) \times \tfrac{1}{2} OP,$$

ou le produit du périmètre par la moitié de l'apothème.

C.Q.F.D.

THÉORÈME.

La surface d'un cercle est égale au produit de sa circonférence par la moitié de son rayon.

Ce théorème est une conséquence du précédent puisque nous savons que la surface du cercle est la limite vers laquelle tend la surface d'un polygone régulier inscrit dont le nombre des côtés ira en augmentant toujours.

A la limite, l'apothème se confond nécessairement avec le rayon et l'on a :

$$\text{Surf. R} = \text{circonf. R} \times \frac{R}{2},$$

ou

$$\text{Surf. R} = 2\,\pi\,R \times \frac{R}{2} = \pi\,R^2 .$$

C. Q. F. D.

APPLICATIONS.

PROBLÈME.

Quelle est la longueur d'une circonférence qui a pour dia-mètre 12 mètres ?

La circonférence $= 2\,\pi\,R$.
$$= 3,1416 \times 12 = 37^m,6992.$$

PROBLÈME.

Quel est le diamètre d'un cercle dont la circonférence égale 25^m,1328 ?

$$\text{Ce diamètre} \frac{C}{\pi} = \frac{25.1328}{3,1416} = 8 \text{ mètres.}$$

PROBLÈME.

Quelle est, dans une circonférence de rayon R, la longueur d'un arc de N° ?

$$\text{Réponse} : 2\,\pi\,R \times \frac{N}{360}.$$

PROBLÈME.

Quel est le nombre de degrés d'un arc de longueur L *dans une circonférence de rayon* R?

$$\text{Réponse} : 360 \times \frac{4}{2\pi R}.$$

PROBLÈME.

Quelle est la surface d'un cercle dont le rayon est 6 mètres ?

Réponse : $\pi R^2 = 113^{mq} 0976.$

PROBLÈME.

Quel est le rayon d'un cercle dont la surface égale 452 mètres carrés 3904 ?

Réponse : le carré du rayon

$$= \frac{452,3904}{3,1416} = 144 \text{ mètres}$$

et le rayon

$$= \sqrt{144} = 12 \text{ mètres.}$$

VINGTIÈME SÉANCE.

DÉFINITIONS.

On appelle *volume* d'un corps la place qu'il occupe dans l'espace.

Un volume a trois dimensions : longueur, largeur et épaisseur.

Parmi les solides, on distingue les *polyèdres* et les *corps ronds*.

POLYÈDRES.

On appelle *polyèdre* tout solide terminé par des faces planes.

Les *polyèdres* se divisent en *polyèdres réguliers* et en *polyèdres irréguliers*.

Un polyèdre *régulier* est un solide dont toutes les faces sont des polygones réguliers égaux entre eux et dont tous les angles solides sont ainsi égaux entre eux.

Un polyèdre *irrégulier* est un solide dont toutes les faces ne sont pas des polygones réguliers égaux entre eux et dont les angles solides sont inégaux.

DU PRISME.

Le *prisme* est un polyèdre qui a deux faces égales et parallèles, unies par des parallélogrammes.

Il est *droit* quand ses arêtes latérales sont perpendiculaires aux bases.

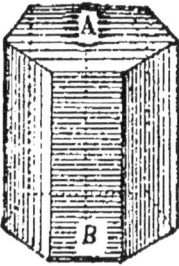

Prisme droit.
A B hauteur.

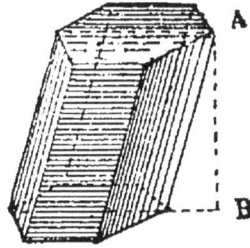

Prisme oblique.
A B hauteur.

Il est *oblique* quand ses arêtes latérales ne sont pas perpendiculaires aux bases.

Le volume d'un prisme est égal au produit de sa base par sa hauteur :

$$V = B \times H.$$

DU PARALLÉLIPIPÈDE.

Un *parallélipipède* est un prisme dont les bases sont des parallélogrammes.

Un parallélipipède est *droit* lorsque les arêtes sont perpendiculaires sur la base.

Un parallélipipède rectangle est un parallélipipède droit dont la base est un rectangle.

Le volume du parallélipipède est égal au produit de sa base par sa hauteur :

$$V = B \times H.$$

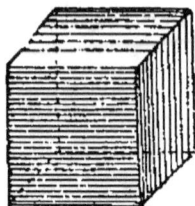

DU CUBE.

Le *cube* est un parallélipipède droit dont toutes les dimensions sont égales.

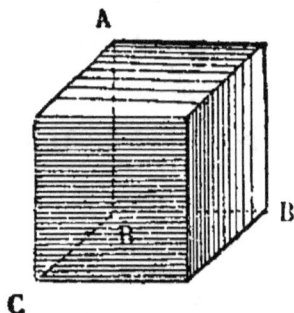

Hexaèdre régulier ou cube.

$$\text{Volume} = B \times H.$$
$$= AB \times BD \times BC.$$
$$= \overline{AB}^3.$$

DE LA PYRAMIDE.

Une *pyramide* est un solide formé par plusieurs plans triangulaires partant d'un même point, qui en est le sommet, et terminés aux différents côtés d'un polygone qui lui sert de base.

La hauteur d'une pyramide est la perpendiculaire abaissée du sommet sur le plan de la base, qu'on prolonge s'il est nécessaire.

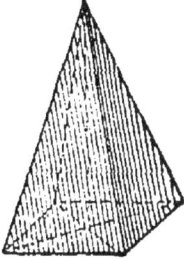

Pyramide régulière.

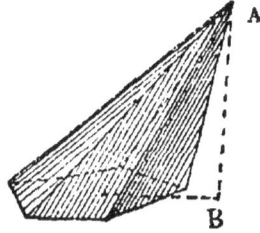

Pyramide oblique.
A B hauteur.

Une pyramide est *régulière* lorsque la base est un polygone régulier et que la hauteur tombe sur le centre de la base.

Le volume d'une pyramide est égal au produit de sa base par le tiers de sa hauteur :

$$V = B \times \tfrac{1}{3} H.$$

CORPS RONDS.

Les *corps ronds* dont on s'occupe en géométrie élémentaire sont : le cylindre, le cône et la sphère.

DU CYLINDRE.

Un *cylindre droit* est un solide produit par la révolution d'un rectangle qu'on imagine tourner sur un de ses côtés.

On appelle bases du cylindre les cercles égaux décrits par les bases du rectangle générateur.

L'axe du cylindre est la droite qui joint les centres des deux bases, ou, en d'autres termes, le côté autour duquel tourne le rectangle générateur.

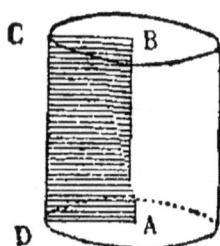

D C génératrice.
A B axe.

Cylindre droit.

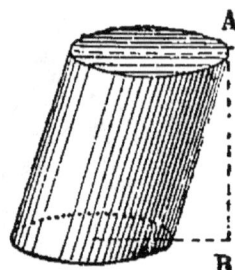

Cylindre oblique.
A B hauteur.

Un cylindre est *droit* quand l'axe est perpendiculaire aux bases.

Un cylindre est *oblique* quand l'axe est oblique aux bases. Dans ce cas, le cylindre n'est pas produit par la révolution d'un rectangle, mais par une ligne droite qui glisse sur la circonférence de la base en restant parallèle à l'axe du cylindre.

Le volume du cylindre est égal au produit de sa base par sa hauteur :

$$V = B \times H.$$

DU CONE.

Un *cône droit* est un solide produit par la révolution d'un triangle rectangle tournant sur un des côtés de l'angle droit.

La base du cône est le plan circulaire sur lequel repose le cône.

L'axe du cône est la droite qui joint le sommet au centre de la base.

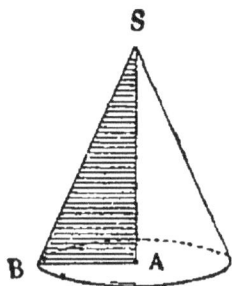

S B génératrice du cône.

S sommet du cône.

Cercle A B base du cône.

S A $\begin{cases} \text{axe du cône.} \\ \text{hauteur du cône.} \end{cases}$

Un cône est *droit* lorsque l'axe est perpendiculaire au plan de la base.

Un cône est *oblique* lorsque l'axe est oblique au plan de la base.

Le volume du cône est égal au produit de sa base par le tiers de sa hauteur :

$$V = B \times \tfrac{1}{3}H.$$

DE LA SPHÈRE.

La *sphère* est un solide terminé par une surface

Petit cercle.

Calotte.

Fuseau.

Zone.

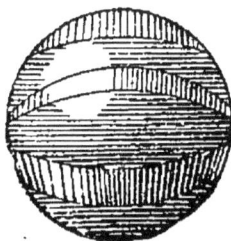

Grand cercle.

courbe dont tous les points sont également éloignés d'un point intérieur qu'on appelle centre. On la définit encore : un solide produit par la révolution d'un demi-cercle tournant autour de son diamètre.

Le rayon de la sphère est une droite menée du centre à un point de la surface.

Le volume de la sphère est égal au produit de sa surface par le tiers du rayon :

$$V = S \times \frac{1}{3} R$$

ou

$$= 4 \pi R^2 \times \frac{1}{3} R = \frac{}{3} \pi \overline{R^3}.$$

Nota. — La surface latérale d'un *cylindre* s'obtient en multipliant la surface de la base par la hauteur.

$$S = 2 \pi R \times H = 2 \pi R H.$$

La surface latérale d'un *cône* a pour mesure le produit de la circonférence de la base par la moitié du côté.

$$S = 2 \pi R \times \frac{L}{2} = \pi R L.$$

La surface de la *sphère* est égale à quatre fois celle du cercle qui aurait pour rayon le rayon de la sphère.

$$S = 4 \pi R^2.$$

APPLICATIONS DE LA GÉOMÉTRIE

A QUELQUES EXERCICES PRATIQUES

I

PROLONGER SUR LE TERRAIN UNE DROITE A B AU DELA D'UN OBSTACLE.

Pour cela, par un point de A B, A par exemple, éle_
vons sur A B une perpendiculaire A C, et sur A C une

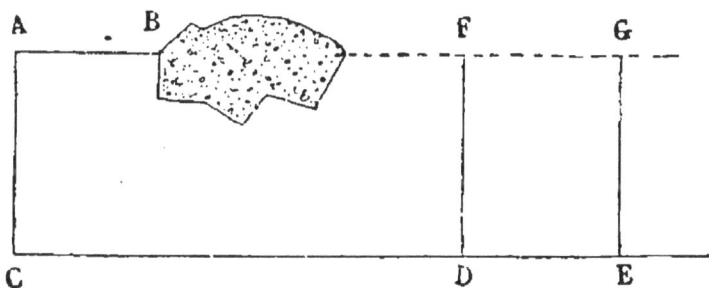

nouvelle perpendiculaire C E. Par deux points D et E de C E élevons D F et E G perpendiculaires à C E, et prolongeons les de façon que l'on ait :

$$EG = DF = CA.$$

Les deux points F et G déterminent alors une droite F G qui est dans le prolongement de A B, puisqu'elle est à la même distance de C E.

II

DÉTERMINER LA DISTANCE D'UN POINT DONNÉ A A UN AUTRE POINT B INACCESSIBLE.

Pour cela, à partir du point A, prenons une base quelconque A C, et déterminons à l'aide de jalons la direction des droites AB, CB. Cela fait, sur CA et AB prenons des longueurs égales AM, AN, de même sur CA et CB prenons des longueurs égales CL, CK. Puis joignons MN et KL.

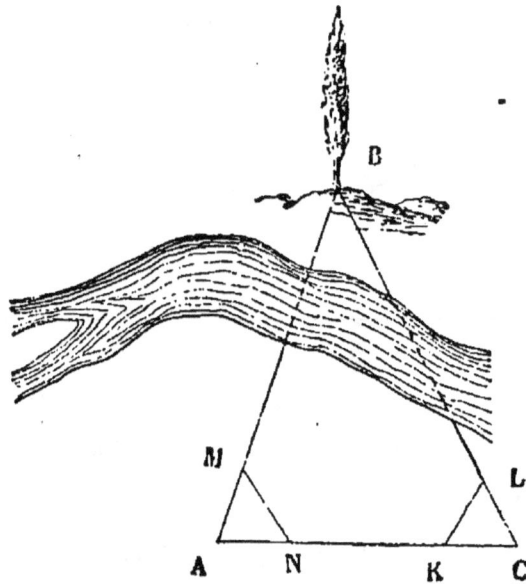

Cela fait, traçons sur le papier, à une échelle quelconque, une droite ac aux extrémités de laquelle nous construirons des triangles amn, ckl semblables aux triangles AMN, CKL, en ayant soin de conserver toujours l'échelle adoptée. En prolongeant am et cl, nous

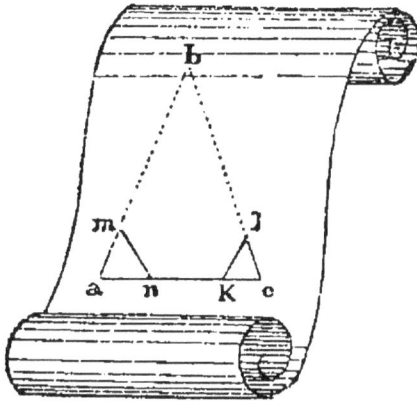

obtiendrons un point *b*, et la distance *ab* sera la réduction de la distance A B à l'échelle adoptée.

III

MESURER UNE HAUTEUR DONT LE PIED EST ACCESSIBLE.

Usage de deux jalons.

Soit à mesurer la distance du point A au point B.

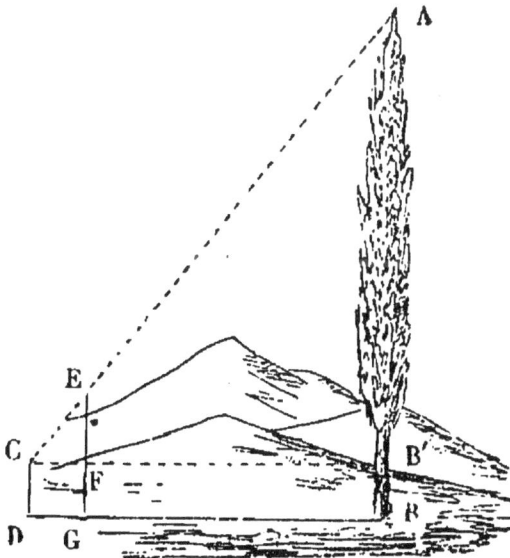

Pour cela, plantons deux jalons CD et EG, de telle façon que leurs extrémités soient en ligne droite avec le point A.

Si nous déterminons alors la ligne CB', perpendiculaire abaissée du point C sur AB, et la longueur EF, nous aurons deux triangles semblables ACB' et ECF, qui donnent :

$$\frac{AB'}{EF} = \frac{CB'}{CF},$$

d'où l'on tire :

$$AB' = \frac{CB' \times EF}{CF}.$$

On peut mesurer CB', EF et CF, et l'on a la valeur de AB'; en y ajoutant la longueur de BB', nous aurons la distance cherchée AB.

Par l'ombre.

Supposons que l'on veuille chercher au moyen de l'ombre la même distance AB. On mesure sur le sol la longueur de l'ombre de AB; puis on plante un jalon dans une position exactement parallèle à AB : admettons que le jalon ait 2 mètres et son ombre 3 mètres. On sait que les ombres sont proportionnelles à la hauteur des objets; si donc l'arbre a une ombre de 12 mètres et si l'on appelle x la hauteur cherchée, on a la proportion :

$$\frac{x}{2} = \frac{12}{3}$$

$$x = \frac{12 \times 2}{3} = 8.$$

EXERCICES

PREMIÈRE SÉANCE.

1. Trouver une ligne égale à la somme de plusieurs lignes données.

2. Trouver une ligne égale à la différence de deux lignes données.

3. Chercher graphiquement la somme de trois angles donnés.

4. Trouver graphiquement la différence de deux angles donnés.

5. En un point donné, faire un angle égal à un angle donné.

DEUXIÈME SÉANCE.

I. Quel est le complément d'un angle de 48°? Quel est son supplément?

2. Trouver le supplément d'un angle de 124°18' 13''.

3. Trouver le complément d'un angle de 49°47'20''.

4. Quatre angles sont situés autour d'un même point et d'un même côté d'une droite; trois de ces angles sont

connus; voici la valeur de chacun d'eux : 24°48'35", 32°7'46", 18° 25'5". Quelle est la valeur du quatrième?

5. La bissectrice d'un angle et celle de son opposé au sommet sont en ligne droite. (On appelle *bissectrice* la droite qui divise un angle en deux parties égales.)

6. Si les angles non adjacents formés par quatre droites OA, OB, OC, OD sont égaux (AOB=COD; AOD =BOC), AOC est une ligne droite ainsi que BOD.

7. Les bissectrices de deux angles adjacents et supplémentaires sont perpendiculaires l'une à l'autre.

TROISIÈME ET QUATRIÈME SÉANCES.

1. Deux triangles sont égaux lorsqu'ils ont un côté égal, un angle égal et la bissectrice correspondant à cet angle égal.

2. La somme des lignes droites qui joignent un point pris à l'intérieur d'un triangle, aux trois sommets, est moindre que le périmètre du triangle et plus grande que la moitié de ce périmètre.

CINQUIÈME SÉANCE.

1. Les médianes d'un triangle équilatéral sont égales. (On appelle médiane la droite qui joint un sommet d'un triangle au milieu du côté opposé.)

2. Les médianes d'un triangle isocèle concourent au même point.

3. Deux triangles isocèles A B C, A'B'C' ayant l'angle au sommet A commun, on joint en croix BC' et CB'; ces droites BC' et CB' se coupent sur la bissectrice de l'angle A.

SIXIÈME SÉANCE.

I. Trouver le lieu des points également distants des deux extrémités d'une droite.

2. Déterminer sur une ligne donnée un point qui soit à égale distance de deux points également donnés.

3. Deux villages, situés à une certaine distance d'une rivière, veulent construire un pont à frais communs : on demande le lieu où devra être fait le pont pour se trouver également éloigné de chaque village.

SEPTIÈME ET HUITIÈME SÉANCES.

1. Les bissectrices des trois angles d'un triangle concourent au même point.

2. Lorsque deux parallèles sont coupées par une sécante, si deux angles alternes-internes égalent 47°, quelle est la valeur des angles alternes-externes ?

3. Quelle est la direction des bissectrices de deux angles correspondants ou alternes-internes égaux ?

4. Lorsque deux parallèles sont coupées par une sécante, quelle est la valeur des angles intérieurs d'un même côté ?

NEUVIÈME SÉANCE.

1. La parallèle à un côté d'un triangle, menée par le point de concours des bissectrices, est égale à la somme des segments adjacents à ce côté qu'elle détermine sur les deux autres.

2. Deux droites respectivement parallèles ou respectivement perpendiculaires à deux droites qui se coupent ne sont pas parallèles.

3. Les bissectrices de deux angles qui ont les côtés parallèles sont parallèles ou perpendiculaires l'une à l'autre.

4. Il en est de même des bissectrices de deux angles qui ont les côtés perpendiculaires.

5. Les parallèles menées par les trois sommets d'un triangle aux côtés opposés forment un triangle quadruple du triangle proposé.

6. Les trois hauteurs d'un triangle concourent au même point.

DIXIÈME SÉANCE.

1. Les bissectrices des angles d'un quadrilatère forment un second quadrilatère dont les angles opposés sont supplémentaires : quand le premier quadrilatère est un parallélogramme, le second est un rectangle.

2. Si les angles opposés d'un quadrilatère sont égaux, la figure est un parallélogramme.

3. Si les diagonales d'un quadrilatère se coupent en deux parties égales, la figure est un parallélogramme.

4. En menant par les extrémités de chaque diagonale d'un quadrilatère des parallèles à l'autre diagonale, on forme un parallélogramme équivalent au double du quadrilatère.

5. Les milieux des côtés opposés d'un quadrilatère sont les sommets d'un parallélogramme. Dans quel cas ce parallélogramme est-il un losange? un rectangle?

6. La droite qui joint les points milieux des diagonales des quadrilatères passe par le centre de ce parallélogramme.

ONZIÈME SÉANCE.

1. Par le point M intérieur ou extérieur et par le centre O d'une circonférence, on mène une sécante AMB ou MAB qui la rencontre en A et en B :

1° MA est la plus petite et MB est la plus grande distance rectiligne du point M à la circonférence ;

2° Les droites qui vont de M à la circonférence sont égales deux à deux ;

3° De deux de ces droites, la plus grande est celle dont la deuxième extrémité est la plus éloignée du point A.

2. AB et CD sont deux cordes égales qui se rencontrent en un point I intérieur ou extérieur au cercle, A et C sont leurs extrémités les plus rapprochées :

1° IA = IC et IB = ID ;

2° A C et B D sont parallèles ;

3° Les points milieux de A C et de B D, le point I et le point de concours de B C et de A D se trouvent sur le même diamètre.

3. Lieu géométrique des points situés à une distance donnée :

1° D'un point donné ;

2° D'une circonférence donnée.

DOUZIÈME SÉANCE.

1. Les côtés opposés d'un quadrilatère circonscrit à une circonférence, ajoutés deux à deux, donnent des sommes égales.

2. On peut circonscrire une circonférence à un quadrilatère dont les angles opposés sont supplémentaires ; autrement dit, ce quadrilatère est inscriptible dans une circonférence.

3. Un trapèze isocèle est inscriptible dans un cercle.

4. En joignant le milieu d'un arc B C aux extrémités d'une corde D E par des droites qui traversent la corde B C, on forme deux triangles équiangles entre eux et un quadrilatère inscriptible.

TREIZIÈME SÉANCE.

1. Par un point extérieur à une droite, mener une autre droite qui fasse avec la première un angle donné.

2. Tracer une circonférence tangente à deux parallèles données.

3. Tracer une circonférence tangente aux côtés d'un
angle donné.

4. Tracer une circonférence d'un rayon donné tangente à deux droites concourantes données.

5. Tracer une circonférence d'un rayon donné et tangente à une droite et à une circonférence données.

6. Mener à une circonférence une tangente qui fasse
avec une droite donnée un angle égal à un angle donné.

7. Tracer une circonférence tangente à trois droites
qui se coupent.

QUATORZIÈME SÉANCE.

1. Étant donnés deux angles B, C d'un triangle, construire le troisième.

2. Construire un triangle connaissant un côté, un
angle et une hauteur (cinq cas).

3. Construire un triangle connaissant un côté et deux
hauteurs (deux cas).

4. Construire un triangle connaissant deux côtés et
une hauteur (deux cas).

5. Inscrire une circonférence dans un triangle donné.

6. Inscrire dans un angle donné une droite de longueur donnée parallèle à une droite donnée.

7. Inscrire entre deux parallèles données une droite de longueur donnée parallèle à une droite donnée.

QUINZIÈME SÉANCE.

1. Par un point extérieur donné A, mener dans une circonférence une sécante telle que la partie interceptée soit égale à une ligne donnée B C.

2. A deux circonférences de rayons inégaux mener une sécante commune, de manière que la partie interceptée dans chaque circonférence soit égale à une longueur donnée. (S'appuyer sur le problème des tangentes communes à deux circonférences.)

SEIZIÈME SÉANCE.

1. Diviser une droite en cinq parties égales.

2. Diviser une droite AB en proportion des nombres 2, 5, 7.

3. Trouver sur la bissectrice d'un angle un point qui soit à égale distance des côtés de l'angle et d'un point donné O situé sur la bissectrice.

4. On a un triangle dont les côtés sont 10 mètres, 12 mètres et 25 mètres. Par l'angle opposé au côté de 25 mètres on mène une bissectrice; de quelle manière ce côté a-t-il été divisé?

5. Étant données une circonférence et une corde A B, trouver sur cette circonférence un point tel qu'en le joi-

gnant aux deux extrémités A et B, on obtienne deux cordes qui soient entre elles dans un rapport donné 2/3.

DIX-SEPTIÈME SÉANCE.

1. Construire un triangle semblable à un triangle donné, dont les angles à la base sont : l'un 54°, l'autre 72° 30.

2. Construire un triangle rectangle semblable à un autre triangle rectangle ABC, dont l'angle aigu C est de 55°.

3. Construire un triangle isocèle semblable à un triangle isocèle donné, dans lequel l'angle au sommet vaut 38°.

4. Construire un triangle semblable à un triangle donné, dont les côtés sont respectivement proportionnels aux nombre 5, 7, 9.

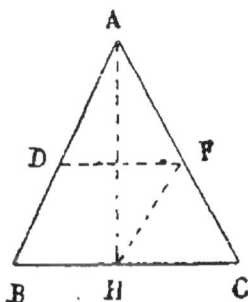

5. Dans le triangle isocèle ABC, on mène une perpendiculaire DF sur le milieu de la hauteur AH, puis on joint FH ; démontrer :

1° Que le triangle FHC est semblable au triangle ABC ;

2° Que son périmètre est la moitié de celui de ABC.

6. Si l'on joint deux à deux les milieux des trois côtés d'un triangle, prouver :

1° Que l'on obtient un triangle semblable au triangle donné ;

2° Que son périmètre égale la moitié de celui du triangle donné.

7. De deux sommets d'un triangle on abaisse des perpendiculaires sur les côtés opposés; démontrer qu'elles sont réciproquement proportionnelles aux côtés sur lesquels elles tombent.

8. Étant donné un triangle dont les côtés sont connus, construire un triangle semblable dont le périmètre soit une ligne donnée.

9. Étant donné un polygone dont les côtés sont connus, construire un polygone semblable dont le périmètre soit une ligne donnée.

10. Les côtés de l'angle droit d'un triangle rectangle sont 24 mètres et 36 mètres ; quelle est l'hypoténuse ?

11. L'hypoténuse d'un triangle rectangle a 20 mètres et l'un des côtés de l'angle droit a 16 mètres; quel est l'autre côté ?

12. L'hypoténuse d'un triangle rectangle isocèle est de 40 mètres; quel est le côté de l'angle droit ?

13. La largeur du fossé AB est de 8 mètres et la hauteur AC du mur est de 10 mètres; quelle est la longueur de l'échelle CB ?

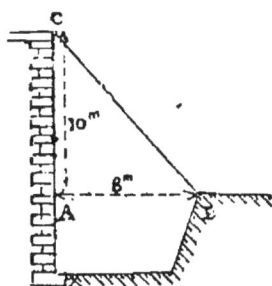

14. Quel est le rapport de la diagonale au côté du carré ?

15. L'hypoténuse d'un triangle rectangle a 30 mètres, un côté de l'angle droit a 7 mètres ; quelle est la longueur du segment adjacent à ce côté de l'angle droit.

DIX-HUITIÈME SÉANCE.

1. Quelle est la surface d'un triangle dont la base a 12 mètres et la hauteur 15 mètres?

2. Calculer la surface d'un triangle rectangle dont l'hypoténuse a 40 mètres et une des bases 15 mètres.

3. On donne un triangle rectangle dont les segments AD et DC égalent : l'un 8 mètres, l'autre 12 mètres. Calculer :

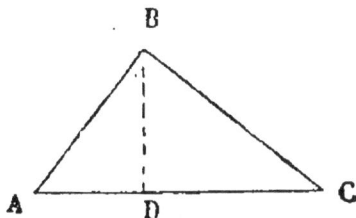

1° La hauteur de la perpendiculaire ;

2° La surface du triangle.

4. On donne un triangle rectangle dont l'hypoténuse A C = 25 mètres, le segment A D = 6 mètres. Calculer :

1º La longueur du côté A B ;

2º La surface du triangle.

5. Quelle est la surface du trapèze dont les bases sont 202 mètres et 108 mètres et la hauteur 20 mètres ?

6. Étant donné un trapèze dont les bases ont 100 mètres et 40 mètres, les deux autres côtés chacun 50 mètres ; on demande :

1º La surface du trapèze;

2º Celle du triangle obtenu par le prolongement des cotés non parallèles.

7. Construire un carré équivalent au rectangle A B C D dans lequel A D = 28 mètres et A B = 16 mètres.

8. Construire un carré équivalent à un parallélogramme dont la base a 26 mètres et la hauteur 18 mètres.

9. Construire un carré équivalent à un triangle dont la base a 24 mètres et la hauteur 12 mètres.

10. Construire un carré équivalent à un polygone irrégulier.

11. Construire un carré double, triple, quadruple, etc , d'un autre carré dont le côté est de 15 mètres.

DIX-NEUVIÈME SÉANCE.

1. Quelle est la longueur d'une circonférence qui a pour rayon 15^m,27?

2. Quel est le rayon d'une circonférence de 41^m,1582?

3. Quelle est, dans une circonférence ayant 1^m,55 de rayon, la longueur d'un arc de 15°?

4. Deux arcs semblables, c'est-à-dire deux arcs qui ont le même nombre de degrés, sont proportionnels à leurs rayons.

5. Calculer, en fonction du rayon, le côté du carré inscrit dans une circonférence.

6. Calculer, en fonction du rayon, le côté d'un hexagone régulier (polygone régulier de six côtés) inscrit dans une circonférence.

7. Calculer, en fonction du rayon, le côté du triangle équilatéral inscrit dans une circonférence.

8. Inscrire : 1° un carré ; 2° un triangle équilatéral ; 3° un hexagone régulier dans une circonférence.

9. Quelles sont, en fonction du rayon, les surfaces : 1° d'un carré ; 2° d'un triangle équilatéral; 3° d'un hexagone, inscrits dans une circonférence?

10. Quelle est la surface d'un cercle ayant 17 mètres de diamètre?

11. Quel est le rayon d'un cercle dont la surface égale 72^{mq},1456?

12. Quelle est, en centimètres carrés, la surface de

l'une des faces d'une pièce de 5 francs, sachant qu'elle a 37 millimètres de diamètre ?

13. Quelle est la surface de la bordure d'un parterre circulaire, sachant que le diamètre extérieur du parterre est de 18^m,40 et la largeur de la bordure de 0^m,60 ?

14. Le diamètre des deux grandes roues d'une locomotive égale 1^m,75 ; celui des quatre autres, 1^m,10 ; on demande combien de tours fait chacune de ces roues dans le trajet de Paris à Orléans, dont la longueur est de 122 kilomètres.

15 On a fait une porte cochère cintrée. La partie rectangulaire a 4^m,20 de largeur et 5^m,72 de longueur ; le cintre forme un demi-cercle parfait ayant la largeur de la porte pour diamètre. On paye le menuisier à raison de 39 francs le mètre carré, le peintre à raison de 3 fr. 75 c. le mètre carré pour l'extérieur et de 2 francs pour l'intérieur ; les ferrements reviennent à 99 francs. Combien coûtera la porte ?

16. Si, sur les côtés de l'angle droit d'un triangle rectangle comme diamètre, on décrit des demi-circonférences qui soient extérieures au triangle, chacune de ces courbes fait avec la demi-circonférence menée par les sommets du triangle une figure qui a la forme d'un croissant et qu'on nomme *lunule d'Hippocrate*.

Démontrer que la somme des surfaces des deux lunules est équivalente à la surface du triangle rectangle.

VINGTIÈME SEANCE.

1. Calculer le volume d'un prisme droit dont la base est un hexagone régulier, sachant que le côté de la base est de 1^m.20 et que la hauteur est de 2^m,55.

2. Quel est le volume d'air contenu dans une salle rectangulaire qui a 12^m,75 de longueur, 7 mètres de largeur et 3^m,80 de hauteur?

3. Quel est le volume d'un bloc de marbre dont la forme est celle d'un cube de 0^m,70 de côté?

4. Quel est le volume d'un obélisque présentant la forme d'une pyramide quadrangulaire dont la hauteur est de 15 mètres et la base un carré de 0^m,95 de côté?

5. Quel est le volume d'un cylindre dont le rayon de base a 2^m,75 et la hauteur 7 mètres?

6. Quel est le volume d'un cône droit dont la hauteur a 2^m,50 et le rayon 1 mètre?

7. Quel est le volume d'un cône droit dont le côté a 2^m,05 et le rayon 1^m,50?

8. Quel est le volume d'une boule de 3^m,50 de rayon?

9. Quel est le rayon d'une sphère dont le volume égale 54^{dc},504?

10. Quel est le volume de la partie solide d'une sphère creuse dont le diamètre extérieur égale 0^m,25 et le diamètre intérieur 0^m,19?

11. Les diamètres de la terre, de la lune et du soleil

étant proportionnels aux nombres $1, \frac{3}{11}$ et 112, quels sont les volumes de la lune et du soleil si l'on prend celui de la terre pour unité ? (On utilisera la formule $V = \frac{1}{6} \pi D^3$, qui exprime le volume de la sphère en fonction du diamètre.)

TABLE ANALYTIQUE DES MATIÈRES.

Pages.

PREMIÈRE SÉANCE. — Définitions. — De la ligne droite et du plan. — Ligne brisée, ligne courbe. — Angles. — Angles adjacents, angles égaux. — Angles droit, aigu, obtus. — Perpendiculaire. — Verticale. — Par un point pris sur une droite, on peut mener une perpendiculaire à cette droite, et l'on ne peut en mener qu'une 1

DEUXIÈME SÉANCE. — Propriétés des angles adjacents et des angles opposés par le sommet........................ 11

TROISIÈME ET QUATRIÈME SÉANCES. — Triangles. — Dans un triangle, un côté quelconque est plus petit que la somme des deux autres. — Cas d'égalité des triangles.......... 16

CINQUIÈME SÉANCE. — Triangle isocèle; ses propriétés. — Triangle équilatéral. — Bissectrice d'un angle.......... 24

SIXIÈME SÉANCE. — Propriétés de la perpendiculaire et de l'oblique. — Triangle rectangle; cas d'égalité des triangles rectangles 30

SEPTIÈME ET HUITIÈME SÉANCES. — Propriétés de la bissectrice d'un angle. — Droites parallèles. — Deux droites perpendiculaires à une troisième sont parallèles entre elles. — Par un point pris hors d'une droite, on peut mener une parallèle à cette droite (*on admettra sans démonstration qu'on ne peut en mener qu'une*). — Lorsque deux droites sont parallèles, toute droite perpendiculaire à l'une d'elles est perpendiculaire à l'autre. — Angles formés par deux parallèles et une sécante 40

NEUVIÈME SÉANCE. — Angles dont les côtés sont parallèles ou perpendiculaires. — Somme des angles d'un triangle et d'un polygone................................... 51

DIXIÈME SÉANCE. — Quadrilatère, parallélogramme, rectangle, carré, losange, trapèze. — Propriétés du parallélogramme. 60

ONZIÈME SÉANCE. — De la circonférence. — Rayon, diamètre, arc, corde. — Les arcs égaux sont sous-tendus par des cordes égales et réciproquement. — Le rayon perpendiculaire à une corde divise cette corde et l'arc sous-tendu en deux parties égales. — Les cordes égales sont également distantes du centre............................ 69

DOUZIÈME SÉANCE. — Trois points non en ligne droite déterminent une circonférence. — Tangente à la circonférence. — La tangente est perpendiculaire à l'extrémité du rayon. — Positions relatives de deux circonférences. — Mesure des angles. — Division de la circonférence en 360°. — Rapporteur. — Des angles considérés à l'égard du cercle..... 79

TREIZIÈME SÉANCE. — Description et usage de la règle, du compas, de l'équerre et du rapporteur. — Vérification de ces instruments.............................. 95

QUATORZIÈME SÉANCE. — Problèmes graphiques. — Partager une droite en deux parties égales. — Partager un angle en deux parties égales. — Par un point pris sur une droite, élever une perpendiculaire à cette droite. — Par un point pris hors d'une droite, abaisser une perpendiculaire sur cette droite. — Par un point donné, mener une parallèle à une droite. — Construire un angle égal à un angle donné. 103

QUINZIÈME SÉANCE. — Construire un triangle, connaissant : 1° deux côtés et l'angle compris; 2° un côté et les deux

angles adjacents ; 3° les trois côtés. — Trouver le centre
d'une circonférence donnée. — Tangentes à la circonférence. 112

Seizième séance. — Lignes proportionnelles. — Définitions.
— Toute parallèle à l'un des côtés d'un triangle divise les
deux autres côtés en parties proportionnelles. — Propriétés
de la bissectrice de l'angle intérieur d'un triangle. — Problèmes. — Partager une ligne en parties égales et en parties proportionnelles................................. 124

Dix-septième séance. — Triangles semblables. — Cas de
similitude. — Deux polygones semblables peuvent être décomposés en un même nombre de triangles semblables.
— Propriété de la perpendiculaire abaissée du sommet de
l'angle droit d'un triangle rectangle sur l'hypoténuse. — Applications. — Problèmes.......................... 135

Dix-huitième séance. — Figures équivalentes. — Mesure des
surfaces. — Surface du rectangle, du parallélogramme, du
triangle, du trapèze, du losange, d'un polygone quelconque. 151

Dix-neuvième séance. — Polygones réguliers inscrits et circonscrits. — Mesure de la circonférence, de la surface du
cercle (*donner la formule sans démonstration*). — Applications numériques................................ 161

Vingtième séance. — Définition et mesure des principaux
solides. — Donner sans démonstration les formules de leur
mesure... 168

Applications de la géométrie a quelques exercices pratiques,.. 175

Exercices correspondant a chaque séance du cours...... 179

PARIS ET LIMOGES. — IMPRIMERIE HENRI CHARLES-LAVAUZELLE.

PARIS ET LIMOGES. — IMPRIMERIE HENRI CHARLES-LAVAUZELLE.

www.ingramcontent.com/pod-product-compliance
Lightning Source LLC
Chambersburg PA
CBHW072219270326
41930CB00010B/1917